Diseño: Gerardo Miño
Composición: Laura Bono

**Ilustración de tapa e
ilustración de interiores:** Julieta Longo

Edición: Primera. Octubre de 2018

ISBN: 978-84-17133-17-7

IBIC: KCF (Economía del Trabajo)
KJU (Teoría y comportamiento organizativos)
KNXB2 (Sindicatos)

Lugar de edición: Buenos Aires, Argentina

MIÑO y DÁVILA
◆ E D I T O R E S ◆

Miño y Dávila srl
Tacuarí 540
(C1071AAL)
tel-fax: (54 11) 4331-1565
Buenos Aires, Argentina
e-mail producción: produccion@minoydavila.com
e-mail administración: info@minoydavila.com
web: www.minoydavila.com

FACUNDO BARRERA INSUA

SALARIOS DESIGUALES

Entre la valorización del capital
y la acción sindical

MIÑO y DÁVILA
◆ EDITORES ◆

A Camilo...

Índice

Introducción 7

CAPÍTULO 1 /
Macroeconomía y desigualdad sectorial en Argentina.
Una trayectoria disonante 13

CAPÍTULO 2 /
¿Cómo pensar la desigualdad salarial sectorial en la Argentina
del siglo XXI? 31

CAPÍTULO 3 /
Competencia capitalista y desigualdad salarial persistente.
Una propuesta de lectura 51

CAPÍTULO 4 /
Dinámica del capital en la Argentina: capitales líderes
y acumulación dependiente 65

CAPÍTULO 5 /
La desigualdad salarial, un límite superior vinculado a las
condiciones de acumulación a nivel sectorial 83

CAPÍTULO 6 /
La acción sindical como límite inferior a la desvalorización
de los salarios 111

CAPÍTULO 7 /
A modo de cierre: la dinámica del capital y la acción sindical
como fuerzas de la desigualdad 139

Bibliografía 147

Anexos 157

Introducción

La desigualdad social en las economías latinoamericanas no se presenta como excepción sino como norma. Este es tan solo uno de los motivos por los que la desigualdad es uno de los temas más estudiados de las ciencias sociales.

Sin embargo, el hecho de que no sea una novedad es insignificante en relación con sus implicancias en términos sociales: con el crecimiento de la desigualdad también crece la tasa de homicidios, la población carcelaria o la deserción escolar, entre otros ejemplos. En este sentido, el fenómeno repercute en lo individual –como causa de frustración, impotencia, depresión, en definitiva estudios sobre la salud de las personas–, y en lo colectivo, a nivel del conflicto social, la dinámica de organización de las clases y hasta el proceso electoral.

Por su parte, la profusa bibliografía del campo de la economía (y territorios aledaños), se encuentra concentrada tanto en los enfoques (formas de entender el fenómeno, causas que se enfatizan, aproximaciones metodológicas), como en las regiones que se analizan (países miembros de la Organización para la Cooperación y el Desarrollo Económicos –OCDE–). En particular, las lecturas más difundidas tienen un denominador común: la desigualdad entre dos personas se explica a partir del análisis de las diferencias en las posiciones de cada uno de los individuos con respecto a una determinada variable. Es decir, se comparan la edad, los años de estudio de cada uno, la formación que han recibido en determinado trabajo, etc. En muchas ocasiones, ni siquiera se menciona el contexto económico o político.

Por tanto, aunque sobreabunden estudios sobre desigualdad, aún hay espacio para incorporar otras lecturas y cuestionar las establecidas, las validadas. El presente libro se aparta de las interpretaciones estándar. En primer lugar, al entender que la desigualdad es un fenómeno eminentemente relacional: como apunta Charles Tilly en su escrito sobre *La desigualdad persistente*, la *relación* es la fuente misma originaria de la desigualdad, y como ejemplo, que mejor que aquella que se establece entre patrones y trabajadores, forma primaria de la organización social de la producción vigente.

En este caso, observaré la relación entre sectores económicos, los que tienen altas o bajas ganancias uno en relación al otro, los que tienen más o menos conflictos salariales, dependiendo de la organización y acciones impulsadas por las y los trabajadoras/es de cada sector.

En segundo lugar, aunque la desigualdad de ingresos es regla dentro del sistema capitalista, y más aun en una región que se inserta de manera dependiente en la economía mundial (cuestión que se profundiza a lo largo del texto), esto no niega que el fenómeno presente formas nuevas y especificidades relacionadas con factores del ámbito local. En este sentido, vale la pena incorporar enfoques que señalen la relevancia de la dimensión espacio-tiempo.

En el transcurso de la década de 1990, los principales países de América Latina comienzan a exhibir crisis económicas y sociales agudas, expresión del agotamiento de los modelos de desarrollo neoliberal.

En tercer lugar, y no menos importante, la búsqueda del libro no tiene que ver con un desafío intelectual en torno de encontrar la explicación del fenómeno que se ajuste mejor a la Argentina del siglo XXI, ya que sin duda no hay una sola. No se trata de quedarse *todo el día pensando, pensando, y mirando la nada*, sino que se pretende alimentar un debate relevante, la discusión entre aquellos y aquellas que entendemos que este mal es sistémico, que la realidad que vivimos ha de ser transformada.

En los albores del siglo XXI, los proyectos de desarrollo latinoamericanos se construyen sobre las bases creadas por el neoliberalismo, en un contexto económico internacional inéditamente favorable. Las economías de la región se ven favorecidas por los altos precios de los productos primarios (*commodities*), parte preeminente de sus exportaciones. El mencionado "viento de cola", refiere justamente al impulso de los productos brutos nacionales ante la oportunidad que ofrece la elevación de los valores vendidos en el exterior, reflejada en los "superávits gemelos" (balanza comercial y fiscal superavitarias), mayoritariamente presentes durante la primera década.

De esta manera, el nuevo tiempo exhibe una fase del funcionamiento capitalista periférico donde, luego de décadas de desmejoras, emerge un cambio de tendencia en desigualdad que renueva la discusión. El fenómeno de inflexión distributiva afecta a la amplia mayoría de las economías, y la Argentina no es la excepción.

Durante la etapa que se abre luego de la crisis de 2001, el país exhibe mejorías en sus indicadores económicos y sociales. En lo que a mercado de trabajo se refiere, la recuperación de la economía junto con la revitalización de instituciones laborales como el salario mínimo y los convenios colectivos, favorecen una dinámica que logra el incremento del empleo, de la proporción de trabajadores registrados, y disminuye la fuerza de trabajo subutilizada (caída del desempleo y subempleo). La inequidad en los ingresos laborales de las familias no es la excepción: luego del pico del año 2003, se produce un cambio de tendencia que ubica los registros correspondientes a 2012, en niveles semejantes a los de comienzos de los años noventa (Gráfico 1).

Gráfico 1. Distribución del ingreso laboral familiar equivalente. Período 1992-2012.

Fuente: Elaboración propia sobre la base de datos del SEDLAC (CEDLAS y Banco Mundial).
Nota: A partir del tercer semestre de 2003 comienza a realizarse la EPH Continua que reemplaza a la EPH Puntual, por tanto las series no son estrictamente comparables.

Durante los 10 años que involucra este estudio, el lapso temporal 2003-2012, se presenta un panorama de sostenido descenso de la desigualdad, en particular aquella que tiene como fuente los ingresos laborales: una novedad en términos históricos, como también lo fueron los valores máximos alcanzados con la crisis económica y social del año 2001.

No obstante, las características del fenómeno que *a priori* podrían resultar llamativas, no se detienen allí: al indagar si la caída de la desigualdad global de los años 2003-2012 se replica en ingresos salariales de distintos grupos de trabajadores, el resultado no siempre es el mismo. Al seleccionar tres dimensiones relativas a la órbita macroeconómica, encuentro que mientras que la desigualdad salarial desciende para trabajadores situados en puestos de trabajo con distinta calificación, y también entre trabajadores que viven en distintas regiones económicas (coherente con lo que sucede en términos agregados), la correspondiente a trabajadores de distintos sectores de actividad, presenta una notable estabilidad.

En definitiva, aquí aparecía algo para explicar, la tarea ya no consistía únicamente en aportar una lectura heterodoxa al fenómeno de la desigualdad como tal, sino en entender por qué en un período de descenso generalizado de la desigualdad de ingresos, que se corrobora en dimensiones de la desigualdad salarial como la regional y la vinculada con la calificación, no sucede lo mismo entre trabajadores que se encuentran en distintos sectores económicos. ¿Cuáles son los factores diferenciales de la desigualdad sectorial, que hacen que una etapa de crecimiento económico y disminución de los problemas laborales, no se exprese en un alivio del problema? ¿Qué explica la dinámica diferencial de la desigualdad salarial sectorial?

Con objeto de encontrar una explicación, en el capítulo 1 presento evidencia sobre las dimensiones mencionadas de la inequidad salarial. La desigualdad surge de comparar los salarios promedio de la ocupación principal de los asalariados ocupados (trabajo en relación de dependencia), que sin discriminación sectorial representa el 70% de la población económicamente activa.

Una primera dificultad para comprender el fenómeno tiene que ver con no contar con un marco de análisis adecuado. El capítulo 2 contiene los enfoques que discuten específicamente esta faceta de la desigualdad entre trabajadores. La intención es proveer algunas herramientas conceptuales que permitan comprender el fenómeno, y centralmente, indicar por qué las que suelen manejarse no nos son de utilidad.

En el capítulo 3, ante la imposibilidad de utilizar una de las lecturas existentes, se realiza una propuesta para pensar las desigualdades salariales sectoriales en la Argentina (2003-2012). Esto implica trabajar con los aportes de autores que sostienen la existencia de límites de variación de los salarios por sector: un límite superior explicado, básicamente, por las tasas de ganancia sectorial, y un límite inferior relativo al valor de la fuerza de trabajo.

El capítulo 4 aporta un análisis concreto de las condiciones de acumulación de los capitales dominantes para las últimas dos décadas en Argentina. En definitiva, estudia el devenir de las grandes empresas, en torno a fenómenos tan disímiles como ganancias, productividad, distribución, concentración y extranjerización, que permite contar con un marco general para el estudio de las dinámicas sectoriales.

El capítulo 5 estudia el *límite superior efectivo* de los salarios, el que se amplía para el conjunto del capital. Es decir, aparecen mayores posibilidades de otorgar incrementos salariales, pero además, se amplifican las diferencias sectoriales en los márgenes de ganancia. Así, aparece incrementada, una primera fuerza que favorece la inequidad.

El capítulo 6, trata las determinaciones vinculadas con el *límite inferior efectivo*, el que se construye a partir de las categorías *negociación colectiva* y *acción sindical*. Sintéticamente, las condiciones diferenciales de organización y de lucha de la clase trabajadora, configuran distintas probabilidades de éxito en las demandas salariales, lo que nuevamente favorece la disparidad salarial.

Facundo Barrera Insua

Estos últimos dos capítulos, aunque presentados por separado por cuestiones analíticas, toman sentido al ponerse uno en relación al otro. Es decir, se vuelve necesario enfrentar la dinámica del capital en la que se generan las ganancias, con aquella relativa a la organización y acción de los sindicatos en la puja salarial. En el capítulo final, el número 7, presento la síntesis que integra las dinámicas diferenciales de los límites.

Si se me permite hacer una especie de *spoiler*[1] (y ahora mismo incluir una *spoiler alert*), a lo largo del libro llegaremos a concluir que dos fuerzas emparentadas con la dinámica sectorial tienden a diferenciar las tasas de variación de los salarios. Por un lado, y en referencia al límite superior efectivo de los salarios, las crecientes diferencias en tasas de ganancia sectorial (gobernadas por el desenvolvimiento de los capitales dominantes en cada rama de actividad), asignan capacidades diferenciales de otorgar incrementos de salarios, sin que estos cuestionen el "normal" proceso de acumulación de capital.

Ahora bien, podríamos acordar que en el mundo en que vivimos no es habitual, incluso aunque se gane más, que los empresarios otorguen incrementos salariales "sueltitos de cuerpo". Puede ser aun más redituable, que las ganancias crezcan a un ritmo (mayor), y los salarios a otro. De aquí que resulta importante el estudio de la organización de los trabajadores y trabajadoras, en particular sus sindicatos, principales impulsores de las demandas de sus representados, y muchas veces responsables de forzar la obtención de esos beneficios.

En este sentido, llegaremos a concluir que las condiciones diferenciales de organización y lucha de los trabajadores en el conflicto salarial, que como explicaré se expresan en el límite inferior efectivo de los salarios, consignan un poder de negociación diferencial y, por tanto, distinta probabilidad de éxito del reclamo. Aquellos trabajadores con sindicatos fuertes tendrán mejores posibilidades de reclamar por las ganancias extraordinarias de las empresas, y ostentarán mejores salarios.

En definitiva, la aproximación planteada propone una elaboración compleja donde la determinación de los salarios en las diferentes ramas de actividad, relativa a las fuerzas vinculadas con la dinámica de uno y otro límite de variación, favorece las condiciones de diferenciación salarial.

---

1 Término generalmente utilizado en referencia a la información anticipatoria del desenlace en cine y series.

CAPÍTULO 1 /

Macroeconomía y desigualdad sectorial en Argentina. Una trayectoria disonante

"El sueño que anda a la deriva,
sube la bronca una vez más.
La relación que no termina,
una apuesta más que doblas,
una pena que no lloras".
"...Y así vivir". La Vela Puerca

Introducción

Desde mediados de los años setenta, la estructura distributiva de la Argentina presenta un constante deterioro. A pesar de haber sido una de las sociedades más igualitarias de la región, o tal vez por eso mismo, para encontrar un período de sostenida mejora es necesario remontarse hasta la década de 1950.

A comienzos del siglo XXI, se produce un quiebre en la tendencia que provoca que tanto el país como la mayor parte de las naciones de la región, transiten un sendero de mejoras en los indicadores distributivos, junto con reducciones de los problemas de desempleo y pobreza. En la Argentina, el caos económico y social del fin de la etapa del modelo de la Convertibilidad, deja los peores registros en términos sociales, y la desigualdad no está exenta. Luego, con la estabilización de la economía y el relanzamiento de la acumulación a partir del año 2003 y hasta el año 2012, la Argentina transita un recorrido de mejora de sus indicadores económicos y sociales, en particular durante el primer lustro.

De esta manera, tanto el quiebre en la tendencia, como la magnitud de la inflexión distributiva y su dimensión regional, representan una novedad en términos históricos.

No obstante, vale la pena insistir con que no son las desigualdades de ingresos en general las que nos incumben, sino aquellas provenientes de los salarios. En las páginas que siguen, se muestra lo que sucede durante los años 2003-2012, en términos de tres principales dimensiones de la desigualdad salarial en la Argentina: la *sectorial*, la relativa a la *calificación* y la *regional*. Para realizar la tarea jerarquizo el análisis de lo que sucede en el mercado de trabajo en relación con la macroeconomía, por lo que las dimensiones anteriores son seleccionadas al entender que expresan de buena manera dicho vínculo.

En la segunda sección, presento someramente los sucesos económicos recientes que afectaron al conjunto de la región, y a la macroeconomía argentina. La tercera sección contiene la evidencia específica sobre desigualdad salarial para cada una de las dimensiones seleccionadas[2]. Como veremos, la disparidad sectorial resulta particularmente interesante porque enfatiza la condición de fenómeno estructural: entre los años 2003-2012, en un período de baja generalizada de la desigualdad, dicha inequidad se mantiene estable.

A partir de ahora reponemos la pregunta, ¿a qué se debe la relativa estabilidad de dicha distribución de ingresos? ¿Cuáles son los factores que inciden de manera diferencial en dicha faceta de la inequidad distributiva?

I. De la macro regional al mercado de trabajo argentino

La dinámica macroeconómica expresa relaciones económicas, políticas y sociales, que no pueden definirse al interior de los espacios geográficos nacionales, sino que se encuentran directamente vinculadas al contexto internacional. Quienes tengan

---

2 Aquellos que quieran profundizar en los aspectos metodológicos, podrán dirigirse al Anexo N° 1, donde encontrarán información relativa al Índice estadístico de Theil (IET), con el que se muestra la evolución de la desigualdad, y sobre la fuente de información. El IET es un indicador de desigualdad menos utilizado que el Índice de Gini, pero que fue elegido al permitir desagregar y cuantificar la desigualdad resultante de distintos grupos de trabajadores.

algunos años podrán recordar la mención a la "crisis del tequila" a mediados de los años noventa, o la más reciente "crisis de las hipotecas *subprime*", o también podrán haber oído noticias acerca del cambio en el interés que rinden los bonos del tesoro norteamericano, o la suba del valor de las acciones de Petrobras ante el descubrimiento de reservas de gas y petróleo en la cuenca marítima brasilera. Todos y cada uno de estos eventos, y tantos otros que ocurren a diario, tienen impactos concretos en el movimiento de las variables agregadas de la economía[3].

A comienzos del siglo XXI, la macro argentina y la de numerosas naciones del resto de América Latina, exhiben elevadas y sostenidas tasas de crecimiento en los Productos Brutos Internos (PBI). Las condiciones económicas del momento favorecen dicha dinámica en la región caracterizada como la más desigual del planeta. De esta forma, luego de un proceso de constante deterioro desde los años ochenta a esta parte, los países latinoamericanos vivencian una "inflexión distributiva" a comienzos de la década de 2000, que implica que 15 de los 17 países muestren mejoras entre los años 2002 y 2011 (Bárcena, Prado, Hopenhayn, & Amarante, 2014).

En términos generales, pueden señalarse cuatro rasgos principales de los cambios macroeconómicos respecto del cierre del siglo anterior. En primer lugar, el auge del precio de los *commodities* (productos básicos que vende la región), especialmente a partir de 2003, implica un impulso externo que se tradujo en aumento del empleo y reducción de la pobreza. Dichos precios, entre otros factores, crecen ante la búsqueda de reaseguro por parte de capitales financieros especulativos, que redireccionan sus inversiones hacia opciones como la llamada "futuros de *commodities*".

En segundo lugar, el incremento de las exportaciones no sólo se da por precios sino también por el incremento de las cantidades, producto de la emergencia de China como actor global. Hasta principios del siglo XXI, la nación oriental no ocupa un lugar privilegiado en el comercio internacional de la región. Sin embargo, la intensificación de los flujos comerciales hace que hacia el año 2012, China se encuentre entre las primeras tres posiciones como destino de las exportaciones para las principales economías latinoamericanas (Brasil, México, Argentina, Chile, Venezuela)[4] (Slipak, 2014).

En tercer lugar, dados los incrementos en los valores exportados y el mayor dinamismo de la actividad económica, se incrementan los fondos públicos, lo que dota a los Estados de la región de renovadas posibilidades de realizar transferencias de ingresos hacia los sectores sociales más desprotegidos (Bárcena *et ál.*, 2014).

En cuarto lugar, por la existencia de un importante superávit comercial y por el default y la reestructuración de la deuda externa, el pago de los intereses de la deuda

---

3   Ejemplos de variables agregadas que caen dentro del estudio de la macro son: Producto Bruto Interno, inflación, total de ingresos, nivel de empleo, balanza de pagos, el tipo de cambio, etc.

4   El notable aumento de las exportaciones y su impacto en la economía, fue ampliamente discutido por defensores y detractores del modo de desarrollo durante el kirchnerismo, y era mencionado como el "viento de cola".

externa se reduce sustancialmente. Conjuntamente, el superávit en cuenta corriente permitió acumular reservas internacionales, y redujo la dependencia del ingreso de divisas por la cuenta capital y financiera.

Quinto, los incrementos de la masa salarial real, producto del incremento del empleo y de una caída del índice de inflación, otorgan mayor centralidad dentro de la economía al consumo de la clase trabajadora (Bárcena & Prado, 2010).

En lo que refiere exclusivamente a la Argentina, luego de la salida de la crisis 2001-2002, las condiciones propicias para la rentabilidad del capital, dado el escenario internacional con altos precios de *commodities* y una devaluación real de alrededor del 40% (reducción de costos unitarios de producción), permiten un proceso de crecimiento sostenido que se prolonga hasta el año 2008 inclusive. Al observar la variación desestacionalizada del producto en cada trimestre, se puede proponer dos períodos diferenciados: la etapa de los años 2003-2007 de crecimiento sostenido a "tasas chinas", y la del 2008-2012 con un desenvolvimiento del PBI más moderado, y la novedad de tasas de variación negativas (caídas del producto). Así es que durante el primer período, en promedio, el producto crece trimestralmente casi el doble de lo que crece en el segundo (2,28% y 1,23%, respectivamente).

El desempeño de la etapa de tasas chinas fue posible, en buena medida, por la existencia de un importante superávit comercial (valor de exportaciones mayor a importaciones), el que junto al default (y su reestructuración en 2005), reduce los pagos de intereses de la deuda externa. Asimismo, esto trae aparejado un superávit en cuenta corriente[5], que permite acumular reservas internacionales y reduce la dependencia del ingreso de divisas. En la segunda etapa, elementos con origen local e internacional conviven en la explicación de los crecientes problemas en el sostenimiento del sendero de crecimiento del producto. Por un lado, el frente externo ya no es lo beneficioso que era: la crisis económica que estalla en 2008 en Estados Unidos por la insolvencia de los deudores hipotecarios, golpea a la Argentina un año después. El impacto se da principalmente a través del canal comercial, tanto en precios como en cantidades. Es decir, cae el valor de nuestras exportaciones porque desciende el precio de los *commodities* y también por la caída en las compras de importantes demandantes del país como Brasil y China. A esto se suma el incremento en la intensidad del giro de utilidades de las empresas extranjeras en la Argentina. Por otro lado, en el ámbito local, las ganancias de competitividad que registró la industria argentina en los primeros años, no tienen que ver con inversiones en tecnología e infraestructura (que hubiese favorecido una estructura productiva más homogénea y a una mayor diversificación de la canasta exportadora), sino que se sostuvieron en la devaluación del peso, fenómeno que se va agotando a partir

---

5   La cuenta corriente resume las operaciones de bienes (balanza comercial), servicios (balanza de servicios), y rentas (balanza de rentas) que se producen entre residentes nacionales y el resto del mundo en un determinado período, usualmente un año.

Facundo Barrera Insua

de la aceleración de la inflación (Wainer & Belloni, 2018). En la segunda etapa, el impulso en el aumento de los precios puede vincularse con una exacerbación de la puja distributiva, junto con un componente destacado de la "inflación oligopólica" (Schorr, 2012). Lo cierto es que una vez superado el reacomodamiento de precios, luego de la devaluación de 2002, la inflación exhibe registros en torno al 10% anual hasta el 2007, mientras que a partir de ese año se mantienen entre el 20 y el 25% (exceptuando el año 2009)[6].

A medida que suben los precios locales, se encarece la producción nacional y eso dificulta las posibilidades de vender en el extranjero (y también localmente). De esta manera, descienden las oportunidades de desarrollo de los eslabones más débiles del entramado fabril, sectores claves en la recuperación industrial (y del empleo) en el primer quinquenio.

Hay que mencionar que el ciclo devaluación, crecimiento, recomposición del empleo, y posterior desaceleración, que se vive en la primera década del siglo XXI, no es una novedad para la economía argentina. Sintéticamente, la etapa de crecimiento económico acarrea el aumento en el empleo, los salarios y, consecuentemente, en el consumo asalariado. Esto presiona la demanda de bienes industriales (muchos dependientes de maquinaria e insumos importados) y de bienes agropecuarios (base de las exportaciones). El resultado es la elevación de las importaciones y reducción de las exportaciones, lo que afecta la balanza comercial (se reduce el superávit comercial), e imposibilita seguir creciendo ante la escasez de divisas[7].

Las diferencias mencionadas entre períodos, también tienen su correlato en el mercado de trabajo. Mientras que entre 2003 y 2007 se alivian de manera notoria los problemas de empleo (las tasas de desocupación y subocupación caen más del 10% y 8%, respectivamente), desde 2008 en adelante, dichas mejoras se detienen (Gráfico 2).

---

6   Luego de la intervención del INDEC en el año 2007, el Índice de Precios al Consumidor (IPC-INDEC) presenta numerosas irregularidades. Dado su cuestionamiento público, para observar el desenvolvimiento de esta variable se incorpora una segunda referencia: el Índice de precios CENDA/CIFRA que proviene de una serie construida entre 2006 y 2011, sobre la base de datos publicados por las Direcciones de Estadística de "7 provincias" (IPC-7). Luego, el IPC-7 es reformulado y se incorporan 2 provincias adicionales. El documento del CIFRA (2012) hace referencia explícita a la comparabilidad de uno y otro indicador, y muestra que la evolución de ambos índices se solapa hasta finales de 2010.

7   La "restricción externa" como problema central del desarrollo en la Argentina, ha sido muy estudiada en la literatura económica. Sobre el tema puede leerse a Wainer & Belloni (2018), quienes trabajan específicamente el período kirchnerista.

Gráfico 2. Crecimiento económico –tasa de variación trimestral del PBI–, tasa de desocupación y tasa de subocupación. Años 2003-2012. Argentina.

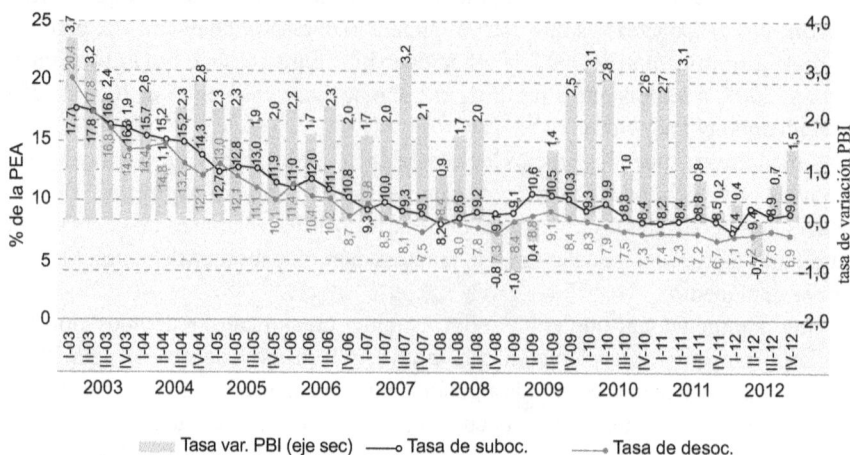

Tasa var. PBI (eje sec) —o— Tasa de suboc. —•— Tasa de desoc.

Fuente: Barrera Insua (2015).

A la merma de la dinámica económica se le agrega el mencionado crecimiento de los precios. En referencia al mercado laboral, la aceleración de la inflación debilita el proceso de mejora de las condiciones sociales, dado que a pesar de que continúa la actualización anual de los salarios, se estanca el poder de consumo de los sectores populares.

Por otra parte, el fenómeno de la informalidad laboral, trabajadores y trabajadoras no registrados ante la autoridad laboral (sin aportes jubilatorios, vacaciones pagas o derecho a sindicalizarse, entre otras características propias de la condición), también experimenta diferencias a lo largo del período. Luego de una reducción importante del no registro hasta el cierre de la primera etapa (del 50% al 37% de los trabajadores ocupados), el descenso se estanca. A partir de allí el nivel de informalidad se mantiene, y en el cuarto trimestre de 2012 el 34,6% se encuentra en dicha condición.

A pesar del impulso del crecimiento económico con un patrón de creación de empleo donde los trabajos registrados son 6 veces más que los no registrados, la problemática es una de las de menor avance: alrededor de 3 millones de trabajadores y trabajadoras tienen sus derechos laborales cercenados y reciben salarios hasta un 40% inferior que los de sus pares registrados.

No podemos aquí dejar de mencionar los numerosos cambios que se dan en el marco institucional durante el período. Entre 2003-2007 se revitalizan instituciones transcendentales en la dinámica del mercado de trabajo como la activación de la negociación colectiva, el mayor protagonismo sindical o la reactivación del salario mínimo. Sin embargo, estos aspectos serán trabajados en el capítulo 6, dado que hacen específicamente a los factores que limitan la desvalorización de los salarios.

En la próxima sección comenzaremos a analizar cómo repercuten sobre la desigualdad los cambios en la coyuntura económica regional y nacional. En particular, interesa analizar la situación de los trabajadores que poseen distinta calificación, que viven en distintas regiones y aquellos que pertenecen a distintos sectores económicos.

II. La "antesala" de la inflexión distributiva

A fines de los años setenta, en un marco de represión abierta a los trabajadores, suspensión de la negociación colectiva y recorte de la política social, la Dictadura Cívico militar impone políticas de apertura de la economía y liberalización financiera. Al mismo tiempo, a inicios de los años ochenta se produce la "crisis de la deuda", una crisis económica vinculada con la imposibilidad de repago de los créditos tomados que implica crisis bancaria, devaluación y reversión del flujo de capitales. Estas condiciones afectan de manera decidida la estructura de ingresos, con incrementos en los registros de desigualdad superiores al 30% (Cruces & Gasparini, 2010).

Durante la década de 1990, a *posteriori* de la crisis hiperinflacionaria y con la estabilización a través de un régimen de tipo de cambio fijo peso-dólar, esta tendencia se acentúa. Las reformas estructurales vinculadas al modelo de la Convertibilidad, que incluyen desregulación del comercio y mercado de capitales, privatización de empresas públicas y re-regulación del mercado de trabajo, conllevan un nuevo desmejoramiento. En términos del ingreso laboral familiar equivalente (resultado de los ingresos laborales de los distintos miembros de cada hogar), implica que entre 1992 y 2002 se duplique el problema distributivo y alcance registros nunca vistos.

En este contexto, la desigualdad en los ingresos crece en forma prácticamente ininterrumpida desde mediados de los años setenta hasta el año 2003 (sólo en los ochenta existe un breve *impasse* con cambio de tendencia).

Durante la etapa post-Convertibilidad, y de manera acelerada entre los años 2003-2007, la Argentina transita un recorrido de mejora de sus indicadores económicos y sociales, y comienza a revertir el problema de la inequidad. El cambio de tendencia ubica el nivel del año 2012, en el existente a comienzos de los noventa.

La macroeconomía, señalan Bertranou & Maurizio (2011), determina la situación del mercado de trabajo y, en particular, es la formalización del empleo y la fortaleza de las instituciones laborales, lo que favorece el proceso de igualación de ingresos. Esto sucede entre 2002 y 2007, con el proceso de rápida reabsorción de la fuerza de trabajo desempleada.

Sin embargo, las características propias del mercado de trabajo argentino hacen relativizar este resultado para todo momento del tiempo. En primer lugar, durante la expansión de la primera mitad de la década de 1990, existen efectos contrarios en términos de creación de puestos de trabajo: uno positivo, dado por el aumento de la inversión y el consumo por la estabilización en los precios; y uno negativo, dada la reestructuración productiva que tendió a eliminar puestos de trabajo y reducir la elasticidad empleo-producto[8] (Altimir & Beccaria, 2001).

En segundo lugar, el hecho de contar con un puesto de trabajo no necesariamente se traduce en mejoramiento de las condiciones de vida, dado el fenómeno que la literatura define como "trabajadores pobres" (Pérez, Féliz, & Toledo, 2006). La evidencia muestra que el trabajo ya no significa un medio para la realización personal, sino exclusivamente la búsqueda de no quedar excluido en un sistema social donde el ingreso se torna el medio principal para acceder a las instituciones que definen el proceso de inclusión social (Vuolo, 2010).

En tercer lugar, y vinculado con lo anterior, en un mercado de trabajo caracterizado por contrataciones flexibles, temporales, la mejora de la situación macroeconómica no necesariamente tiene un correlato directo en las condiciones de buena parte de los trabajadores, en particular aquellos que se encuentran en la informalidad.

Los años que siguen a 2012, muestran indicadores de desigualdad estables en torno a los registros de ese año (que ya era el valor alcanzado en el año 2009). Por tanto, puede afirmarse cierto "agotamiento" del esquema económico imperante y así abrir un período para analizar las particularidades de lo sucedido.

A continuación, se discute específicamente los aspectos de la desigualdad laboral que aparecen entre trabajadores. Vale la pena recordar que en el año 2012, alrededor del 70% de la población económicamente activa (PEA) deriva sus ingresos principalmente del salario. Por tanto, buena parte del conjunto de la desigualdad distributiva puede estudiarse a partir del análisis de lo que ocurre al interior de la clase trabajadora.

III. Tendencias de la desigualdad salarial en la etapa 2003-2012

El panorama presentado muestra un contexto internacional y un funcionamiento local de la economía, que colabora con el mejoramiento de los indicadores del mercado de trabajo en un período relativamente breve. Ahora avanzaremos sobre lo que sucede en torno a la desigualdad salarial con la intención de observar si la disminución de la inequidad global se replica entre trabajadores que se distinguen por región, calificación o rama de actividad económica en la que se encuentran, tres dimensiones posibles más directamente vinculadas con la órbita macroeconómica.

---

8 La elasticidad empleo-producto mide la repuesta relativa del nivel de empleo ante un cambio del producto. En otras palabras, cuántos trabajadores se incorporan a la producción ante el aumento del producto.

Facundo Barrera Insua

Asimismo, si bien a continuación se realizan las especificaciones necesarias, dado que representa una lectura algo más densa, pueden consultarse mayores detalles en el Anexo Metodológico del capítulo[9].

III.I. Trayectorias diferenciales en la desigualdad entre trabajadores

La primera década de la etapa post-Convertibilidad, muestra una caída en los niveles de desigualdad de la sociedad argentina. En ese sentido, lo esperable en un estudio que se limita a los ingresos de los trabajadores ocupados, siendo éstos parte importante de los ingresos globales, es que replique el comportamiento observado para la sociedad en su conjunto.

El Índice estadístico de Theil nos permite construir la evolución de la desigualdad con los datos de ingresos de la EPH. De manera sencilla, el índice registra dos elementos: a) diferencias en salarios medios de cada categoría, y b) tamaño de cada grupo. Por tanto, en primer lugar, la desigualdad en los ingresos salariales se construye a partir de observar las diferencias que existen en los salarios promedio de cada categoría. Por poner un ejemplo, si el salario promedio de un trabajador que se desenvuelve en el agro (rama de actividad de bajos salarios), a fines del año 2011 era $2.700 y un año después era de $3.900 (incremento del 44%), mientras que para los mismos años los salarios promedios del sector Transporte (con salarios mayores), fueron $4.200 y $5.000 respectivamente (incremento del 19%), entonces con todo lo demás constante, la desigualdad salarial disminuyó.

Sin embargo, en segundo lugar, el índice contempla que no es lo mismo el aporte a la desigualdad que realiza un grupo numeroso que el que realiza uno pequeño. Es decir, si los trabajadores mineros ganan mucho más que el resto pero integran un pequeño grupo, entonces al alejarse aun más, su aporte a la desigualdad global será menor.

En síntesis, los distintos aportes que surgen de las diferencias de cada categoría, ponderada según el tamaño, irán delineando una gráfica que con su movimiento nos indicará lo que sucede en términos de desigualdad[10].

El análisis de las curvas permite adentrarse en dicho debate. Primero, en términos de nivel, durante el período considerado la dimensión de mayor desigualdad es la relativa a la calificación del puesto de trabajo (medido a partir del valor promedio, 0.078 del índice). En el otro extremo aparece la desigualdad regional, la que toma un valor promedio 7 veces menor (0.011). Mientras tanto, en lo referido a la desigualdad sectorial, mantiene una posición intermedia con un valor de 0.058.

---

9 Al respecto, aunque el libro contiene todo lo fundamental, pueden encontrarse mayores especificaciones metodológicas en Barrera Insua (2017).

10 En el Anexo Metodológico se encuentra explicada la ecuación matemática del índice de Theil.

Segundo, al indagar acerca de la evolución de la desigualdad en números índices[11], según las distintas dimensiones, las trayectorias presentan notables divergencias. Las series construidas a partir del Índice de Theil para el período 2003-2012, muestran un descenso de la desigualdad entre trabajadores en empleos con distinta calificación y región, que implica una reducción en torno al 50%. Mientras tanto, las inequidades en términos sectoriales se mantienen prácticamente constantes (aparece una reducción del 10%) (Gráfico 3).

Gráfico 3. Desigualdad salarial según dimensión sectorial, regional y por calificación. Índice Trimestre 3, 2003=100. Años 2003-2012.

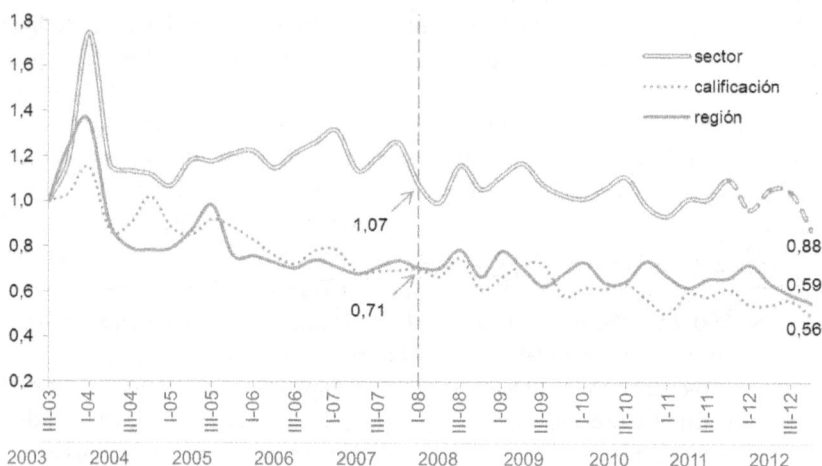

Fuente: Elaboración propia en base a datos de EPH (INDEC).
Nota: La serie de desigualdad salarial sectorial no es estrictamente comparable para el año 2012, dado que existe un cambio metodológico en la identificación de las ramas de actividad.

Por lo demás, al observar la dinámica de las curvas por región y calificación, tal como sucede con las tasas de desocupación y subocupación en relación con el cambio en la dinámica de crecimiento del producto (ver Gráfico 2), se distinguen dos etapas al interior de la década. Una primera, correspondiente a los años 2003-2007, donde se produce un descenso acelerado de la desigualdad, y a partir de allí, una progresión que mantiene el sentido descendente, pero se ralentiza. El dato relativo al primer trimestre de 2008, coincidente en ambas dimensiones, muestra que en 5 años la desigualdad se reduce un 30%, mientras que a partir de allí el progreso se ralentiza.

---

11 Un número índice es una medida estadística que nos permite comparar las variaciones de la desigualdad, sin importar el punto de origen. En otras palabras, aquí ya no importa el nivel de desigualdad que presenta cada categoría, sino que lo relevante es cómo varió en el tiempo desde su punto inicial.

Nuevamente, este comportamiento no puede observarse en la desigualdad sectorial. En un primer momento, durante los años 2004-2005, aunque con mayor variabilidad la serie sigue una tendencia similar a las restantes. La desigualdad presenta un patrón descendente irregular en el que el sector financiero es uno de los principales contribuyentes al fenómeno. Además, luego de la devaluación los sectores que más recuperan salarios reales son construcción, agricultura y textiles, tradicionalmente retrasados en la estructura de ingresos (Galbraith, Spagnolo, & Pinto, 2006). Sin embargo, a partir de allí se presenta una dinámica en espejo con las dimensiones analizadas previamente, lo que impone un incremento del 7% al cierre de la primera etapa, y recién en ese momento comienza a producirse una reducción. Salvia & Vera (2011) en un estudio también por sectores encuentran este mismo fenómeno y al respecto señalan que incluso en una fase de mejora de indicadores sociales y laborales como la que se abre post-reformas de los noventa, la disminución que exhibe la desigualdad no se vincula con la integración impulsada por los sectores dinámicos de la economía, sino por mecanismos "compensadores" vinculados con estrategias de supervivencia de los hogares o por las políticas sociales impulsadas desde el gobierno.

Anteriormente se mencionó que, dado el intenso proceso de contratación de trabajadores, especialmente durante el primer quinquenio, parte de los cambios en desigualdad podrían deberse a cambios en la estructura del empleo. Sólo por poner un ejemplo, si aumenta la participación de la construcción en el empleo total (crece el empleo más que en los restantes grupos), un sector caracterizado históricamente de salarios bajos, esto podría explicar incrementos en la desigualdad dado que engrosa el número de trabajadores en la cola baja de la distribución.

En este sentido, el Índice de Theil permite indagar en este aspecto porque puede descomponerse en un efecto-empleo y un efecto-ingreso. El efecto ingreso registra las alteraciones en los ingresos relativos (salarios medios), mientras que el empleo se explica por las transformaciones en el número relativo de empleados en cada uno de los grupos. Por tanto, es posible mostrar los movimientos de la desigualdad explicados exclusivamente por la evolución de los salarios medios, o sea mantener constante el peso relativo que cada grupo tenía al inicio del período estudiado. En otras palabras, se fija la ponderación inicial de cada grupo (como si no hubiera alteraciones en el empleo a lo largo del período), y sólo se contemplan los cambios de los salarios.

Al aislar el efecto poblacional se observa que las tendencias persisten, por lo que queda aun más clara la distancia entre ambas trayectorias. Mientras que aparecen cambios en las dimensiones calificación y región (donde la estructura ocupacional impone un efecto desigualador ya que aquí se alcanza una reducción de hasta el 80%), la desigualdad sectorial presenta una variación muy semejante (Gráfico 4).

Esta evidencia coincide con lo señalado por Barberis (2011), quien en un estudio realizado para tres fuentes distintas que publican información sobre empleo, afirma que entre los años 2003-2010 no existen cambios de envergadura en la estructura sectorial del empleo.

Gráfico 4. Desigualdad salarial según dimensión sectorial, regional y por calificación. Efecto ingreso. Índice Trimestre 3-2003=100. Años 2003 a 2012.

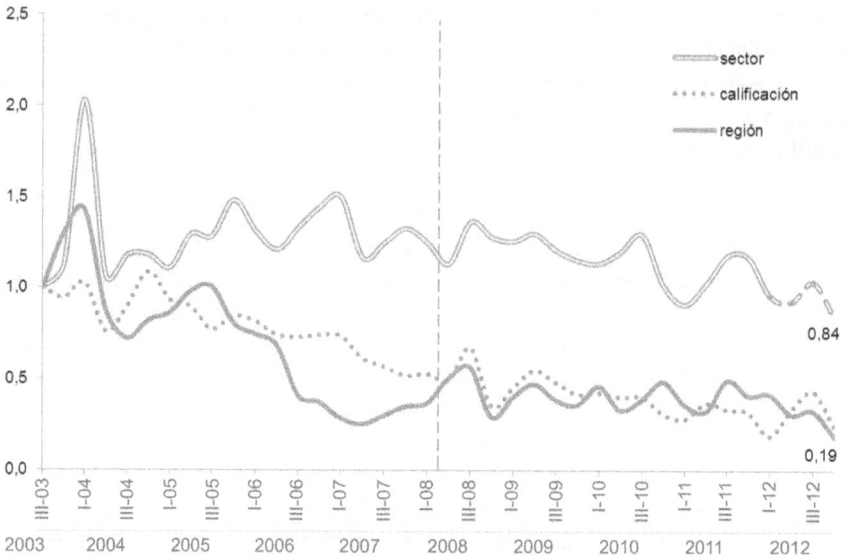

Fuente: Elaboración propia en base a datos de EPH (INDEC).
Nota: La serie de desigualdad salarial sectorial no es estrictamente comparable para el año 2012, dado que existe un cambio metodológico en la identificación de las ramas de actividad.

III.II. La desigualdad salarial sectorial: algunas precisiones

La sección previa hace ostensible que la desigualdad salarial sectorial presenta una dinámica diferente al resto de las dimensiones estudiadas. Antes de avanzar hacia un terreno de las hipótesis, debemos reunir mayores precisiones acerca del fenómeno que se pretende explicar.

En primer lugar, ¿la desigualdad salarial entre sectores puede explicarse por aspectos relativos a la diferencia entre las horas trabajadas en cada sector? En sectores donde se trabaja más se gana más. Si en cada rama de actividad las horas de trabajo se mantuvieran constantes a lo largo del período, no sería un factor de aumento o reducción de la inequidad, pero esto puede no ser así. De esta forma, se incorporan dos series adicionales: la desigualdad entre salarios mensuales de ocupados plenos (exige que trabajen 35 horas o más), y la desigualdad entre salarios por hora trabajada de los ocupados plenos. El hecho de exigir ocupación plena reduce el universo de análisis (define aun más el colectivo de trabajadores involucrado), por lo que resulta lógico que caiga el nivel de desigualdad respecto de la serie que se presentó hasta el momento.

Facundo Barrera Insua

Luego, la serie de salario horario muestra una caída adicional (al aislar todo impacto de la variabilidad en el tiempo de trabajo de los individuos), pero menor (Gráfico 5).

Gráfico 5. Desigualdad salarial sectorial. Índice de Theil para el salario medio mensual, salario medio mensual (ocup. pleno) y salario medio horario. Años 2003 a 2012.

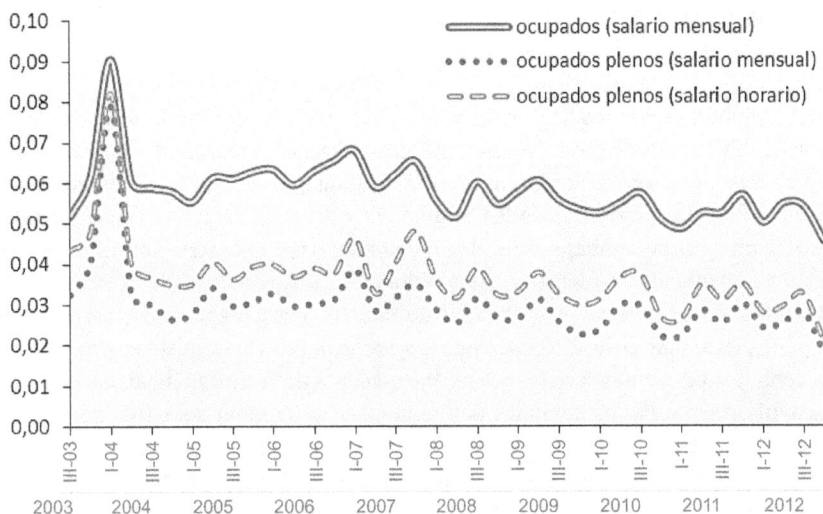

Fuente: Elaboración propia en base a datos de EPH (INDEC).
Nota: La serie de desigualdad salarial sectorial no es estrictamente comparable para el año 2012, dado que existe un cambio metodológico en la identificación de las ramas de actividad.

No obstante, la evidencia presentada muestra una enorme correspondencia entre cada una de las categorías. Es decir, como es lógico las mayores definiciones reducen la desigualdad (el nivel cae a la mitad entre ocupados y ocupados plenos), pero como se observa, los movimientos de las series son muy semejantes[12]. Por otra parte, esta situación no es exclusiva de las inequidades sectoriales, sino que se repite tanto entre puestos de trabajo de distinta calificación, como entre regiones[13].

Por tanto, en la desigualdad salarial sectorial la estabilidad de la serie no se explica por medio de elementos vinculados con el total de horas trabajadas.

---

12 El coeficiente de correlación, una medida de relación lineal entre variables aleatorias que es independiente de la escala, en cualquier caso es superior a 0.9 (de un valor máximo de 1 donde existe correlación perfecta).

13 Nuevamente, en todos los casos se presentan series con coeficientes de correlación positivos y cercanos a 1, con una única excepción: las series de desigualdad regional "ocupados (salario mensual)" y "ocupados plenos (salario horario)" presentan un coeficiente de 0.64.

Entonces, la pregunta se refuerza: ¿por qué las diferencias salariales sectoriales se mantienen estables en una etapa en la que las condiciones económicas impactan favorablemente en los problemas del mercado de trabajo, en la desigualdad en general, y en dimensiones particulares como entre trabajadores de distintas regiones y calificación del puesto de trabajo?

IV. Desigualdades salariales persistentes, ¿cómo se las puede explicar?

El problema específico de la tendencia estable de la desigualdad salarial puede ser explicado a través de distintos factores, que dependen de los marcos teóricos elegidos. Para ello, la intención es incorporar una explicación que se aleje de los planteos que recalan en las características de los individuos y las problemáticas vinculadas con la oferta de fuerza de trabajo. En su lugar propongo, por una parte, un enfoque centrado en la demanda de fuerza de trabajo donde la desigualdad salarial entre ramas debe relacionarse con las posibilidades de incrementar ganancias por parte de las empresas, en el marco de la *competencia capitalista*. Las características productivas son centrales para entender *el carácter permanente* de la desigualdad, dado que el desenvolvimiento de los capitales dominantes en cada rama de actividad impone una dinámica tendiente a diferenciar niveles y tasas de variación de los salarios. Por otra parte, como contracara contingente al proceso de competencia capitalista, se produce el conflicto salarial impulsado por la acción colectiva de los trabajadores, eslabón necesario para pugnar por aumentos de salarios en cada sector de actividad.

El análisis de la desigualdad propuesto toma en cuenta la interacción de dos tipos de variables: económicas y políticas. Sólo de la interacción entre procesos estructurales económicos –rentabilidad, proporción de capital fijo sobre variable– y políticos –luchas sociales y negociaciones mediadas por el Estado– puede analizarse de manera integral el fenómeno de la inequidad en los salarios de diferentes ramas de actividad para el caso argentino.

A partir de esta mirada, el análisis de la desigualdad salarial debe restringirse a los sectores privados donde prima la obtención del lucro como motor de la acumulación del capital y, por tanto, donde se expresa de manera directa el conflicto de clases.

Bajo esta premisa, las ramas de actividad que integrarán el estudio, luego de excluir la órbita pública y de servicios sociales, se sintetizan en seis grandes sectores: Agricultura, ganadería, caza, silvicultura y pesca; Explotación de minas y canteras; Industria manufacturera; Servicios de agua, gas, electricidad; Transporte, almacenamiento y Comunicaciones[14].

---

14 Otros sectores, como el Financiero y Comercio, se excluyen dada la imposibilidad de realizar el cálculo de tasa de ganancia sectorial (el Ministerio de Economía de la Nación, no posee una serie pública de stock desagregada a otros sectores que no sean los que se trabajan).

Facundo Barrera Insua

El cuadro 1 presenta la estructura salarial a través de los salarios promedio por sector y período temporal[15].

Cuadro 1. Salario efectivo nominal por sectores económicos, valores promedio. Período 2003-2012.

Rama	Salario efectivo		Var. (%)	Salario efectivo 2003-2012	Resultado
	2003-2007	2008-2012			
Agricultura, ganadería, caza, silvicultura y pesca	938	2.542	171%	1.740	Salario bajo
Minas y Canteras	2.200	5.023	128%	3.612	Salario alto
Industria Manufacturera	1.013	2.886	185%	1.950	Salario bajo
Suministro de electricidad, gas y agua	1.468	3.512	139%	2.490	Salario alto
Construcción	713	2.279	220%	1.496	Salario bajo
Transporte, almacenamiento y comunicaciones	1.053	3.353	218%	2.203	Salario alto
Valor promedio Ramas				2.248	

Nota: La columna "Resultado" expresa la diferencia entre el valor promedio para el conjunto de las ramas (2003-2012) y el salario efectivo.
Fuente: Elaboración propia en base a datos de EPH (INDEC).

Un ejercicio de comparación entre el salario efectivo promedio (2003-2012), y el valor promedio para el conjunto de los sectores trabajados, permite deducir si el nivel salarial es alto o bajo. En este sentido, Minas y Canteras destaca por tener un salario medio una vez y media mayor que el que le sigue (Suministro de electricidad, gas y agua). En el otro extremo, no sorprende encontrarse con los sectores de la Construcción y el Agro. Mientras tanto, la rama del Transporte detenta un salario promedio idéntico al del conjunto de los sectores.

Por último, como puede verse, la variación de los salarios nominales promedio entre el primer y el segundo quinquenio es bien dispar. Esto es, los dos sectores que obtienen el mayor incremento, Construcción y Transporte, el primero pertenece a los sectores de salario bajo y el otro a los de salario alto. A pesar de esto, las variaciones entre quinquenio y quinquenio con un mínimo del 128% (en Minas y Canteras, el sector de salarios más altos) y años de inflación en torno al 10%, reafirman el incremento de los ingresos reales durante la primera subetapa.

Ahora bien, interesa conocer cuál es la evolución de la desigualdad en el corte sectorial seleccionado. En el Gráfico 6, puede observarse que no existen grandes cambios respecto a lo que sucede en una apertura a 15 sectores: si bien se encuentra una curva con mayor varianza, la tendencia es muy semejante.

---

15 Los salarios efectivos según cada etapa, no se analizan de manera aislada, sino en relación con el resto de los sectores y el valor promedio del conjunto de las ramas. El hecho de que se trabaje con cortes transversales, es decir con pesos de idéntico año, evita la necesidad del ajuste por inflación.

A partir de 2011 pareciera abrirse una distancia entre ambas curvas, un divorcio dado por una tendencia creciente para la desigualdad a 6 sectores, y una decreciente para los 15. Sin embargo, esta evidencia final debe ser tomada con precaución, dado que las curvas podrían estar afectadas por el cambio en el clasificador de actividades.

Por lo tanto, puede afirmarse que para un estudio que trabaje con los 6 sectores seleccionados, las preguntas abiertas subsisten y la necesidad de avanzar en sus respuestas, también.

Gráfico 6. Desigualdad salarial según dimensión sectorial, 15 sectores y 6 sectores. Índice Trimestre 3-2003=100. Años 2003 a 2012.

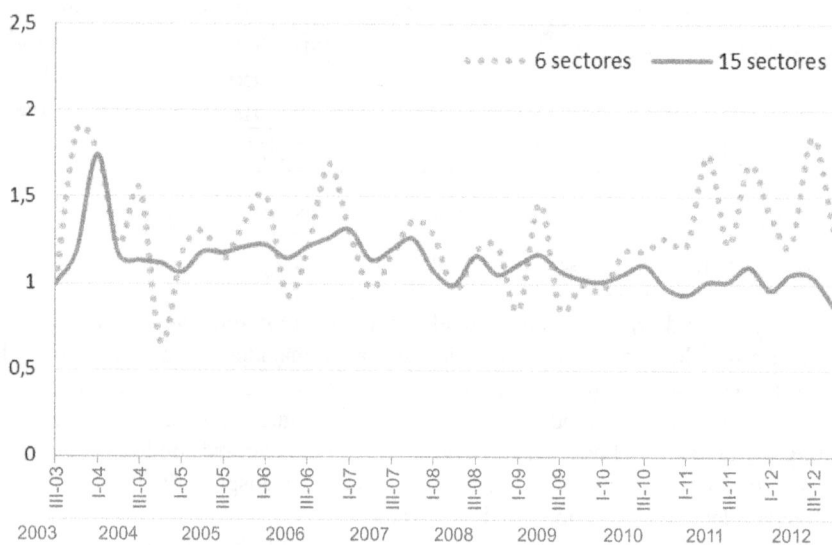

Fuente: Elaboración propia en base a datos de EPH (INDEC).
Nota: La serie de desigualdad salarial sectorial no es estrictamente comparable para el año 2012, dado que existe un cambio metodológico en la identificación de las ramas de actividad.

Reflexiones Finales

El período que se abre luego de la crisis de la Convertibilidad muestra el mejoramiento de numerosos indicadores sociales, y la desigualdad de ingresos no es la excepción. Sin embargo, en lo que atañe exclusivamente a la desigualdad salarial, en un estudio al interior de distintos grupos de trabajadores, se encuentra que la dimensión sectorial no replica la dinámica de la desigualdad en general o la correspondiente a las dimensiones calificación y región.

El comportamiento diferencial de las series de desigualdad promueve un debate acerca de los principales determinantes de cada una. Al observar la conducta de las variables macroeconómicas y su impacto sobre el mercado de trabajo, puede plantearse que los determinantes macro permiten explicar mejor el comportamiento de la dimensión calificación y región. El tramo de sostenido crecimiento del producto y menor inflación es también el tramo de descenso de la desigualdad, mientras que la misma se estabiliza a partir de que las tasas de crecimiento se reducen y se acelera el incremento generalizado de los precios.

Por otra parte, aunque lo veremos más adelante, vale destacar que dicho primer subperíodo es el de mayor aumento del salario mínimo que incide, sobre todo, sobre los ingresos de los trabajadores en puestos de menor calificación.

Sin embargo, estos elementos no repercuten de la misma manera sobre la serie de desigualdad entre ramas. En un estudio reciente realizado para trabajadores del sector industrial, se muestra evidencia que sostiene que durante la década pasada se registran escasos cambios en los salarios sectoriales relativos (Marshall, 2010). A su vez, la participación del empleo de los diferentes sectores tampoco varía sustancialmente (Barberis, 2011). Por tanto, no existen cambios relevantes ni por un efecto población ni por un efecto precio.

La pregunta entonces es, ¿por qué en lo que atañe a la evolución de la desigualdad sectorial durante el período *la macro no alcanza* a traccionar un proceso de mejora? ¿Cuáles son los factores diferenciales que dotan de mayor *estabilidad* este aspecto de la desigualdad?

La evidencia presentada abre dichos interrogantes, por lo cual será necesario profundizar en el estudio de las causas que afectan diferencialmente esta faceta de las inequidades. El marco de análisis elegido enfatiza la necesidad de incorporar la dinámica de acumulación del capital, por un lado, y el conflicto social, por el otro.

En el capítulo siguiente, comienzo a desandar el camino a partir de la presentación de los enfoques teóricos, organizados por problemas. A través de los elementos que en las distintas lecturas se encuentran como inconvenientes, y aquellos otros que se entienden valiosos, presentaré sobre el final del próximo capítulo una mirada propia sobre el fenómeno.

CAPÍTULO 2 /
¿Cómo pensar la desigualdad salarial sectorial en la Argentina del siglo XXI?

"El mundo alrededor se quedó sin testigos
un fuerte ventarrón lo limpio del sistema solar
la muerte lo beso con un frac en el camino
quedando a la deriva en un viaje interestelar...
Y es extraño verte partir, con un tesoro,
lo peor de todo es que es culpable el peón del rey".
"Un dólar, un reloj y una frase sin sentido". Lisandro Aristimuño

Introducción

En una región caracterizada no sólo por la persistencia en la desigualdad, sino por presentar constantes desmejoras, las características políticas y económicas del nuevo siglo señalan la necesidad de repensar los marcos teóricos predominantes para el pasado reciente y el presente del fenómeno.

El problema principal no tiene que ver con la inexistencia de explicaciones a la desigualdad salarial, con seguridad uno de los temas más debatidos de las ciencias sociales, sino con cuestionar las explicaciones más difundidas y presentar una nueva opción. En concreto, tres razones sostienen las páginas que siguen. Primero, jerarquizar un tratamiento teórico del problema de la desigualdad entre trabajadores de distintas actividades económicas, menos discutido que otras facetas de la desigualdad. Segundo, aportar elementos que ajusten a la forma de explicar el fenómeno, en este tiempo y este lugar, apartándonos de las explicaciones de tipo general. Tercero y fundamental, *apartarnos de las explicaciones donde los trabajadores y trabajadoras son enjuiciados por ser provocadores de sus propios males*. Si acordamos que en esta sociedad el poder se distribuye asimétricamente y, por tanto, hay individuos en mejores posiciones que otros para establecer los términos de la negociación, entonces, las responsabilidades de los costos sociales que esas decisiones expresan, también son distintas.

Como desarrollaré en el capítulo siguiente, para explicar la desigualdad sectorial jerarquizo el análisis del proceso de acumulación, las características productivas de los capitales que lo conducen, y las condiciones de organización y acción de los trabajadores, todo a nivel sectorial, porque allí se registran diferencias. Sin embargo, hay marcos teóricos que imposibilitan dicha elección: a) marcos competitivos microeconómicos que desatienden la condición de estabilidad de la desigualdad, porque es transitoria, hasta tanto la movilidad factorial produzca el ajuste; b) esquemas macroeconómicos de crecimiento-distribución que no incluyen una explicación a nivel de actividades, sino que analizan las fuerzas que afectan al mercado de trabajo en su conjunto; c) modelos productivos duales, con correlatos en segmentación del mercado laboral, que aportan especificaciones relevantes sobre las dinámicas de cada uno de los dos grandes sectores, aunque disfuncionales para explicaciones que involucren la negociación colectiva, la organización sindical, e incluso algún aspecto de la tasa de ganancia, que se definen a nivel sectorial; o d) enfoques que no incluyen a los propios sindicatos, como aspectos relevantes para cualquier disquisición del mercado de trabajo.

Las páginas que siguen se estructuran por problemas, y no por corrientes teóricas. De esta forma, no se cae en la necesidad de "rotular" a todo autor en una teoría particular, un *corset* autoimpuesto difícil de sobrellevar.

En una primera sección realizo un recorrido teórico que comienza con los enfoques de mercados competitivos. La exposición parte de la teoría del capital humano como pilar fundamental.

Segundo, incorporo en el análisis la dinámica macroeconómica, donde se jerarquiza la demanda de trabajo. Dado que persigo el encuentro de conceptos que permitan pensar las trayectorias de acumulación de capital a nivel sectorial, resulta necesario partir de la macro general, y exponer la ruptura con el esquema microeconómico.

Tercero, incorporo las miradas que contemplan la acción sindical para entender el funcionamiento del mercado de trabajo. Las explicaciones van desde las que entienden a la organización de los trabajadores como una obstrucción, y la responsabilizan tanto de los problemas de inequidad como de desempleo, hasta aquellas que entienden a los sindicatos como necesarios para contrarrestar fuerzas de mercado que imponen duras condiciones, y atentan contra el valor de los salarios.

I. Tras los rastros de la desigualdad salarial sectorial: de los mercados competitivos a la competencia capitalista

El estudio de la desigualdad salarial, sin importar la lectura que se haga, se encuentra íntimamente emparentado con lo que se entiende sobre el funcionamiento del mercado de trabajo. En este sentido, resulta imprescindible pasar por el marco de análisis neoclásico, no por ser el habitual en la formación de todo economista (que sería lo de menos), sino porque es un discurso ampliamente divulgado que ha permeado en el sentido común del conjunto de la sociedad argentina.

Luego, se avanza hacia la presentación de los elementos conceptuales necesarios para la construcción del enfoque que se utilizará a lo largo del texto.

I.I. A no preocuparse, la desigualdad es transitoria
(o acerca del mercado de trabajo competitivo)

Los modelos de mercado de trabajo competitivo analizan al mercado laboral como al de cualquier otro producto, bajo una lógica donde el precio (salario) y la cantidad (empleo), se definen aisladamente del resto de los mercados.

Desde un enfoque microeconómico, a partir de las elecciones de los individuos que deciden entre cuánto tiempo destinar al trabajo y cuánto al ocio, se construye la oferta de trabajo. Mientras tanto, la demanda de trabajo se deriva de una determinada función de producción, es decir contempla lo que se produce en cada uno de los mercados de bienes y servicios de la economía.

Mediante la interacción de ambas curvas se establece el equilibrio, que da lugar a un determinado valor para los salarios reales y el nivel de empleo. Esta presunción establece un marco estático de equilibrio general, y la asunción de varios supuestos. Primero, existen en la economía dotaciones fijas de trabajo y capital. Segundo, se considera un nivel de tecnología dado y de determinación exógena[16]. Tercero, la oferta y demanda de trabajo se definen independientemente una de la otra (Botwinick, 1993).

El esquema teórico de salarios competitivos refiere a un marco de competencia perfecta, donde los actores son lo suficientemente pequeños (tanto oferentes como demandantes) como para no influir individualmente sobre la definición del salario. Es decir, los actores sociales son simples "tomadores" de precios.

A partir de estos elementos, siempre que exista un conjunto suficientemente grande de trabajadores, móviles entre mercados y perfectamente intercambiables[17], es de esperar que los salarios de las distintas ocupaciones se igualen. Si existiesen diferenciales de salario entre una y otra ocupación, los trabajadores dejarían de ofrecer su fuerza de trabajo en las ocupaciones de salarios bajos y pasarían a ofrecerla en aquellas de salarios altos. Por ejemplo, ubicada en el Departamento de Iglesia (provincia de San Juan), se encuentra la Mina Veladero, propiedad de la empresa canadiense Barrick Gold, y conocida no por los años que lleva en actividad (data de 2005), sino por los reiterados derrames de solución cianurada[18]. A unos 180 kilómetros de allí, por camino minero, se encuentra la localidad del Rodeo. Siguiendo el razonamiento del marco de análisis competitivo, un trabajador de la construcción en Rodeo que ganaba menos de la mitad que el trabajador minero de Veladero en el año 2012, pudo haber decidido dejar su puesto de trabajo y buscar empleo en la mina. Dado que esta decisión, ante la disparidad de salarios, sería tomada por numerosos

---

16 Un análisis detallado sobre versiones posteriores que "endogeinizan" el cambio técnico, puede verse en Taylor (1996), citado en Féliz & Pérez (2005).

17 Es decir, son homogéneos en términos de sus habilidades "naturales", las adquiridas por medio de la educación y sus gustos.

18 Varios artículos sobre Veladero en www.noalamina.org.

trabajadores, ante la escasez de mano de obra en el sector de la construcción subirían los salarios, mientras que lo contrario sucedería en el sector minero, lo que tiende a la igualación de los ingresos[19].

En definitiva, las características de cada individuo, expresadas por medio de las decisiones tomadas, exteriorizan los cambios que se producen en el contexto económico y político, al tiempo que contribuyen a explicar la inserción, trayectoria laboral e ingresos de cada trabajador. El cambio social se expresa a través de la reunión de las decisiones individuales, donde lo mejor para uno mismo involucra lo mejor para la comunidad.

I.I.I. El origen de las diferencias en la educación y las compensaciones no pecuniarias

La *teoría del capital humano* (Becker, 1964; J. Mincer, 1958; J. A. Mincer, 1974), perfecciona el análisis del enfoque estándar del mercado de trabajo competitivo: introduce la educación como un tipo de inversión que logra incrementar la productividad del trabajo, rompe con el supuesto de trabajo homogéneo, al tiempo que permite diferenciar la población activa, e introduce las instituciones sociales básicas (como la escuela y la familia), antes relegadas a esferas culturales o superestructurales (Bowles & Gintis, 2014).

De esta manera, las desigualdades salariales entre trabajadores logran ser explicadas dentro de los modelos competitivos: un trabajador más educado es más productivo por lo que recibe una paga mayor acorde a su mayor aporte a la elaboración del producto. Así, distintos niveles de formación, implican dispersión de productividad y salarios (J. A. Mincer, 1974). Las primas salariales por calificación[20] pueden variar con el movimiento de las curvas de oferta y demanda laboral, producto del cambio tecnológico, el comercio internacional, y el cambio en la composición de la oferta (incorporación de mujeres), entre otras causas. Utilizada como sinónimo de educación o cualificación, la noción de capital humano se difunde rápidamente, dada su capacidad explicativa y la posibilidad de fundamentar numerosas políticas públicas.

Desde luego, también encuentra numerosas críticas. Desde principios de los años setenta del siglo pasado, en la Universidad de Harvard (uno de los centros de producción de conocimiento convencional más importantes), comienzan a publicarse una serie de *papers* que objetan dicho enfoque. Uno de los primeros trabajos es el

---

19 Vale la pena señalar que dicho marco diferencia los factores determinantes de los ingresos entre aquellos que el individuo elige (esfuerzo) y los factores que no elige (circunstancias).

20 Un abultado número de trabajos empíricos suscriptos a esta línea de trabajo, emplea el concepto de *retorno a la educación*, según el cual, la variación de los ingresos laborales se explica por el promedio de años de educación y la experiencia laboral. En estos estudios las principales variables determinantes de los salarios son: nivel de educación formal, género y edad, esta última como indicador de la experiencia laboral.

de Bowles (1972), quien demuestra que los rendimientos del capital humano están sobreestimados, porque la mayor parte de las estimaciones agrega de manera deficiente las variables relacionadas con el origen social (medidas de la renta y la riqueza de la familia y de la posición que ocupan en la jerarquía laboral)[21].

Asimismo, en caso de existir una relación positiva entre costo de la educación y calidad, la posibilidad de la familia de costear una mejor educación tiene un impacto directo en el retorno a la educación de los hijos de las familias ricas (Bowles, 1972)[22]. La crítica puede sintetizarse: dado que el análisis se limita a la interacción entre preferencias exógenas, capacidades individuales y tecnologías de producción alternativas, la relevancia de la clase y el conflicto son variables que quedan excluidas de la explicación de los fenómenos de estructura y dinámica de los salarios, así como las relaciones sociales del propio proceso educativo (Bowles & Gintis, 2014).

En este sentido, categorías como la clase no pueden ser explicadas en la teoría de capital humano (ni por los enfoques estándar en general), porque no analiza la desigualdad entre dos individuos en términos relacionales: excluye del análisis "los lazos entre trabajadores, o entre ellos y los patrones como causas independientes de la desigualdad. Se basan en una creencia casi mágica en la aptitud del mercado para seleccionar capacidades para el trabajo" (Tilly, 2000, p. 46).

De todos modos, huelga decir que a pesar de las críticas recibidas, la receta de política pública resultante de la teoría, la promoción de la inversión en educación con objeto de aumentar la productividad y los ingresos,

ocupa un lugar central en la mayor parte de políticas de igualdad, de reducción de las desigualdades y de desarrollo económico, tal y como puede detectarse en los programas de acción que promueven la mayor parte de [los] organismos internacionales (especialmente el Banco Mundial y la OCDE) (Recio Andreu, 2014, p. 213).

Numerosos estudios buscan aislar la influencia ocasionada por el capital humano, no obstante, los diferenciales salariales sectoriales aún persisten. En esta instancia, se suele aludir a la teoría de las diferencias compensadoras de Rosen (1986).

Las diferencias existen por las compensaciones no pecuniarias que pueden existir por causas como: el riesgo y prestigio de un empleo, las características del ambiente laboral y repercusión sobre la salud, los efectos de las deseconomías de aglomeración (tiempos de desplazamiento al trabajo, degradación medioambiental, etc.), e incluso, la diversidad de costos de vida según región.

---

21 El coeficiente del retorno a la educación cae cuando se introduce en la ecuación un vector que capta el *background* socioeconómico (ingreso, riqueza y función de los padres en la jerarquía de relaciones del trabajo); es decir, la posición de clase.

22 En su respuesta, Becker (1972) acuerda que el *background* familiar es subestimado. Sin embargo, el autor asigna dicho problema a la falta de evidencia empírica disponible. En este sentido, cuestiona la validez del trabajo de Bowles, afirmando que los resultados de dicho estudio están basados en muestras pequeñas y no confiables.

De manera frecuente esta explicación se usa en relación con la insalubridad de ciertas actividades económicas: el trabajo obrero minero, se compensa con menos años de trabajo y salarios más elevados. De allí se deduce que la estructura salarial resultante, contempla e iguala las ventajas monetarias y no monetarias de trabajadores similarmente productivos. Otro ejemplo son las especificidades regionales: las disparidades salariales funcionan como compensación por el costo de vida más alto que aparece en determinadas regiones.

Ahora bien, la posibilidad de que las diferencias no pecuniarias sean compensadas, se basa en el supuesto de información perfecta en ambos lados del mercado. O sea, que trabajadores y patrones conozcan, por ejemplo, que una localidad es más cara que otra, para introducir ese elemento en la negociación. Y esto, como es esperable, no necesariamente es así: el propio Rosen apunta que la búsqueda involucra costos de información, y con ella que existe variabilidad salarial entre idénticos trabajos y trabajadores. Por tanto, así planteado el origen de la desigualdad descansa en la "competencia imperfecta" reinante en los mercados, y en la evidente limitación de información en relación con las condiciones no pecuniarias que enfrenta cada trabajador, se suma que los estudios no logran encontrar resultados concluyentes (García, Aller, & Arce, 2003).

En resumen, el esquema teórico de mercados competitivos pareciera reservar tres grupos de explicaciones para la desigualdad salarial entre sectores económicos. Primero, aquellas diferencias que aparecen en el corto plazo, de carácter transitorio, que llevan consigo tiempos de ajuste y movimientos de trabajadores entre sectores, con el objetivo último de encontrar nuevos y mejores salarios respecto al propio actual. Segundo, diferencias en torno al *capital humano* incorporado que, junto con habilidades innatas, explican diferencias en productividades y salarios. Tercero, una vez controlado por *stock* de capital humano, en el marco de la decisión racional del trabajador, se piensa una ecuación que no contempla únicamente el ingreso salarial, sino que incorpora características específicas del puesto de trabajo (salubridad, consideraciones geográficas, costos de vida, etc.). Las condiciones no pecuniarias afectan la utilidad individual, siendo esta última sobre la que se examina el proceso de igualación.

En su texto sobre las diferencias interindustriales, Reder (1988) aporta una síntesis integradora del enfoque cuando señala que,

> *En condiciones competitivas, a largo plazo, todas las industrias que realizan su contratación en la misma localidad pagan el mismo precio por una calidad dada de trabajo. Esta afirmación se debe modificar en función de los incentivos no pecuniarios de las diversas industrias y localidades... Por consiguiente, a largo plazo, las diferencias entre los salarios reales de las diversas industrias reflejarán las diferencias entre su mezcla de cualificaciones. Dado un nivel de cualificación, las diferencias entre los salarios monetarios de las localidades no deben ser mayores que las que se pueden deber a las diferencias entre los costes de vida (p. 201).*

I.II. A ocuparse, la desigualdad es permanente si no regulamos el mercado (o acerca de los límites a la competencia)

Los trabajos que cuestionan los argumentos del modelo competitivo son de variada índole. Por un lado, no debaten el marco de análisis porque acuerdan que aquel explica el funcionamiento del mercado cuando *no* se presentan límites a la competencia, por muy poco frecuente (o inexistente) que sea esto.

Por otro lado, un segundo grupo de estudios se aparta de la explicación que circunda el postulado de la competencia perfecta y sus límites, y ponen en primer lugar los condicionamientos estructurales en los que se desarrolla la economía capitalista (inserción internacional periférica, heterogeneidad estructural, etc).

Con fuerte presencia de bibliografía norteamericana, los trabajos seminales que se presentan a continuación interesan porque incluyen consideraciones en torno a la demanda y las imperfecciones del mercado, sobre las que luego se transita.

I.II.I. Crecimiento y desigualdad: la preeminencia de los agregados económicos

Hasta aquí repasamos explicaciones que descansan en las características de los individuos, estudios de carácter microeconómico. En los modelos de determinación salarial macroeconómicos, el mercado de trabajo no determina por sí mismo las tasas de empleo y salario, sino que se vuelve necesario revisar lo que sucede con el producto bruto de la economía.

Los autores del pensamiento económico clásico reservaban un lugar central a la discusión de la dinámica del producto, más precisamente, a la acumulación de capital. Como es hasta redundante mencionar, el tratado de Marx, *El Capital*, dedica miles de páginas a su análisis junto con la discusión del conjunto de leyes que regulan al sistema. Luego, a partir de dicha obra, pueden rastrearse conceptos como la ligazón entre dinámica de la acumulación y valor de la fuerza de trabajo, que en términos actuales involucran el mercado de trabajo.

Para los clásicos, el valor de la fuerza de trabajo tiene un carácter social e histórico. Su costo es equivalente al tiempo socialmente necesario para la (re) producción del obrero y su familia, lo que involucra la producción de las mercancías que forman parte de la canasta de consumo. Luego, movimientos en la oferta y la demanda de fuerza de trabajo explicarán oscilaciones alrededor del valor medio, pero el movimiento general en los salarios (es decir, el movimiento del valor de referencia) estará regulado por la ampliación y reducción de la masa de trabajadores desocupados (Botwinick, 1993).

En Marx (2004 [1867]), es el proceso de acumulación capitalista el que genera el excedente de fuerza de trabajo. El incremento de capital, por caso nueva maquinaria en la industria del calzado, genera un doble movimiento. Por un lado, implica un aumento en la demanda de trabajo y, por tanto, reduce el *ejército industrial de reserva* –EIR– (efecto empleo). Sin embargo, por el otro, el capital incrementado trae consigo nuevos métodos de producción, ahorradores de trabajo, que hacen caer la demanda y aumentan la masa de trabajadores sobrantes (efecto desplazamiento). Si durante un tiempo prologado el efecto empleo supera al efecto desplazamiento, entonces mejora el poder de negociación de los trabajadores, se elevan los salarios, y esto redunda en caída de la tasa de ganancia y acumulación. Así, el efecto empleo comienza a perder peso mientras que, vía aceleración en la mecanización, comienza a crecer el desplazamiento, se recompone la masa de trabajadores excedente y abre paso a un nuevo período de acumulación (Shaikh, 2006).

En definitiva, en el esquema clásico, la relación entre acumulación de capital, EIR y salarios es parte de una misma dinámica de intereses contradictorios:

> *La parte de la clase trabajadora que la maquinaria transforma de esta suerte en* población superflua, esto es, no directamente necesaria ya para la autovalorización del capital, *por un lado sucumbe en la lucha desigual de la vieja industria artesanal y manufacturera contra la industria maquinizada; por otro, inunda todos los ramos industriales más fácilmente accesibles, colma el mercado de trabajo y, por tanto, abate el precio de la fuerza de trabajo a menos de su valor* (Marx, 2006, p. 525).

En otras palabras, Marshall (1978) señala que esa masa de trabajadores desempleados y subocupados desempeña dos funciones analíticamente distinguibles: por un lado, garantizar la provisión de una fuerza de trabajo flexible y movilizable según las necesidades del capital; por el otro, regular el crecimiento de los salarios, manteniéndolos en límites que no amenacen el proceso de acumulación.

Luego, ya en la década de 1930, Keynes escribe su *Teoría General de la ocupación, el interés y el dinero* en plena crisis internacional, y su enfoque lo lleva a pensar el problema económico por el lado de la demanda. En dicho esquema, la inversión toma un lugar central para explicar el nivel de equilibrio de la ocupación. De este modo, el devenir de la economía se puede resumir en la magnitud y características de la inversión, es decir dependiendo de decisiones empresariales.

Una profusa literatura transita líneas de trabajo donde la desigualdad varía con los movimientos en la demanda agregada al entender el proceso como resultante de la interacción entre la *performance* de la economía, la estructura existente en los mercados (si están más o menos concentrados) y la política económica.

En particular, para países avanzados se resalta que los *booms* de inversión aumentan la desigualdad, los de consumo la hacen decrecer y que los tipos de cambio influyen en los posibles efectos del sector externo. Además, más allá de la adscripción teórica, suele coincidirse con que altas tasas de desocupación primeramente presionan sobre los sectores de salarios bajos, débilmente organizados y con mayor exposición a la competencia internacional, lo que redunda en incrementos en la desigualdad (Burtless, 1990; Galbraith, 1998).

Facundo Barrera Insua

La tasa de crecimiento del producto se estudia como variable clave porque define el vínculo con el mercado de trabajo, en función del correlato sobre el empleo. Tasas de producto crecientes y sostenidas tienden a reducir el desempleo (trabajadores que dejan de tener ingreso cero), lo que a su vez hace caer la desigualdad (Galbraith, 1998). De todos modos, en este caso no es de interés lo que sucede para el conjunto de la economía, sino que se necesita problematizar las diferencias que aparecen en la dinámica de acumulación a nivel sectorial, y a partir de allí, las consecuencias sobre el mercado laboral. En la siguiente sección se incorporan elementos para pensar dicho fenómeno.

I.II.II. La acumulación asimétrica: la dualidad en el centro de la explicación

Las lecturas que incorporan la acumulación de capital, tratada globalmente, interesan en términos de su ruptura con la definición de los salarios exclusivamente en el ámbito del mercado laboral, y la jerarquía que toma la dinámica del capital. Sin embargo, una vez presentado esto, se deben observar los aportes respecto de las particularidades sectoriales, en este momento restringidas a la órbita productiva.

Un punto de partida en términos de la diferenciación de sectores se puede rastrear en los modelos de mercado de trabajo dual. El modelo de Lewis se formula a mitad del siglo pasado y realiza una propuesta de funcionamiento para países subdesarrollados. El autor propone que dentro de las especificidades estructurales de estos países, se encuentra la característica de economía dual. Se definen dos sectores, uno de subsistencia y uno capitalista con distintos niveles de productividad[23]. Los empresarios del sector moderno obtienen mano de obra barata del sector de subsistencia, con salarios que aunque más altos que en el sector atrasado, son menores que los que deberían pagar de no existir aquella oferta ilimitada. Es decir, el sector moderno tiene la posibilidad de ahorrar e invertir sin que la acumulación de capital, y el consecuente incremento de la demanda de fuerza de trabajo, presione al aumento de salarios. A su vez, la productividad y los salarios en el sector de subsistencia es baja o hasta nula, por lo cual la dinámica poblacional (la tasa de natalidad y la tasa migratoria), es lo que garantiza su supervivencia. De esta manera, la única relación entre ambos sectores es la demanda de trabajo mencionada, la que, a raíz del empuje del sector moderno, hará desaparecer al sector atrasado (Lewis, 1954)[24].

La tesis de convergencia es uno de los elementos que distinguen los modelos de dualidad económica. Emparentados con modelos de crecimiento y distribución

---

23 Luego, este binomio toma alternativamente otros nombres: formal-informal, moderno-tradicional, industrial-agricultural y urbano-rural entre los principales (Fields, 2004).

24 En cierto aspecto, el modelo de Lewis señala una vuelta a los modelos clásicos: la existencia de una masa de obreros sobrante, aunque disponible para trabajar, conforma una oferta de trabajo ilimitada que incide en la determinación del salario.

a la Kuznets[25], se afirma que a medida que avanza el proceso de desarrollo, el capital se traslada de los sectores donde es abundante hacia aquellos donde es escaso, mientras que los trabajadores no calificados lo hacen en sentido inverso. Esta nueva distribución factorial, al seguir el concepto de retribución según su aporte marginal al producto, equilibra los ingresos sectoriales y logra con el tiempo, borrar las diferencias (Williamson, 1965).

Luego se introducen modelos dualistas de trabajo donde la segmentación es una característica estructural que perdura en el tiempo. Conviven dos sectores, uno primario y uno secundario, con características productivas y condiciones de empleo y salarios diferentes. El primario tiene mayor productividad, mejores salarios y condiciones de trabajo, estabilidad, y movilidad ascendente en empresa/sector; el secundario, de baja productividad, se caracteriza por peores condiciones laborales, sin estabilidad, menores salarios, y sin promoción en la carrera profesional.

Una consideración central es que puede, de manera permanente, existir una estructura salarial intersectorial con diferencias para trabajadores con capacidad productiva similar. La explicación se asienta en el hecho de que la causalidad entre calidad de trabajo y salario se invierte respecto del modelo competitivo[26]: la productividad ya no depende del individuo sino del puesto de trabajo, este último vinculado con la tecnología del sector y la estructura del mercado de producto.

La teoría económica y social latinoamericana utiliza dicho marco teórico para pensar las condiciones existentes en la región a mediados de los años sesenta del siglo pasado. La primera conceptualización que busca dar cuenta del fenómeno es la de DESAL[27], que analiza la sociedad escindida en dos grandes sectores: uno tradicional y uno moderno. En el proceso de modernización de la sociedad, existe un problema de asimilación urbana que conlleva flujos migratorios campo-ciudad (F. Cortés, 2001; DESAL, 1969). Similarmente, desde la Comisión Económica para América Latina (CEPAL), se asume la dualidad como parte del proceso inacabado de desarrollo de la periferia. Bajo la tesis del "desarrollo hacia adentro", la industrialización de los países de la región traería consigo una alta tasa de crecimiento y la superación del subdesarrollo. En ese marco, se·esperaba una reducción de la brecha de ingresos existente respecto de los países industrializados y la reducción de

---

25 La tesis Kuznets-Lydall señala que cuando crece el producto, que en términos estándar es entendido como desarrollo, en un primer momento se concentra en los sectores de mayores ingresos, por lo que la desigualdad aumenta. Luego, con la acumulación de capital, expansión del producto industrial y mayor demanda de mano de obra, crecen los ingresos laborales y se reduce la brecha de ingresos.

26 En este modelo la productividad aparece como una propiedad del trabajador e interesa en relación a sus aportes marginales: bajo los supuestos de competencia perfecta, sin mediar rigideces externas, una empresa maximiza sus ganancias al pagar un salario real que iguale la productividad marginal del trabajo, lo que significa que se pagará en función del incremento del producto generado por la incorporación de un nuevo trabajador (Fernández Massi & Barrera Insua, 2014).

27 Centro para el Desarrollo Económico y Social para América Latina.

Facundo Barrera Insua

la marginalidad[28], entendida como "integración aún no alcanzada" de determinados grupos poblacionales a ese proceso de crecimiento (Bennholdt-Thomsen, 1981). En definitiva, se define implícitamente una etapa en la que la región no ha alcanzado un estadio de modernización suficiente, donde conviven elementos que pertenecen a una estructura "tradicional" con otros pertenecientes a una estructura "moderna" (CEPAL, 1966; DESAL, 1969)[29].

Alternativamente, nociones emparentadas con la teoría de la dependencia sostienen que las leyes de la acumulación capitalista involucran un proceso donde existen actividades económicas vinculadas con el capitalismo competitivo, propio de los países desarrollados, y otras que responden a actividades de subsistencia.

La forma concreta que toma el capitalismo en la periferia es parte central del debate. Ya sea entre estructuras tradicionales y modernas, o capitalistas y pre-capitalistas, se plantean lógicas de acumulación diferenciales en cada uno de los estamentos. Kowarick (1978) demuestra en base a datos estadísticos sobre Brasil, que las actividades marginales persisten a pesar del dinamismo del capitalismo en aquel país, y ubica la raíz del fenómeno en la convivencia de estructuras de producción capitalista y pre-capitalista, estas últimas vinculadas con economías de subsistencia del sector agrario, artesanos rurales y urbanos y la industria doméstica (Bennholdt-Thomsen, 1981).

Por otra parte, en lugar de identificar a los *individuos* sobre un conjunto de indicadores económicos, sociales, políticos y culturales tal como propone la teoría desaliana, desde dichas interpretaciones se pone el foco en las *actividades económicas* centrales o marginales en relación con la acumulación capitalista (Bennholdt-Thomsen, 1981; F. Cortés, 2001).

La tesis clásica de mercado dual, desde la óptica de Pinto (1970), identifica un caso extremo y abstracto de economías primario-exportadoras, con bajo o nulo vínculo con el resto de las actividades del país. Es decir, señala el caso de "economías de enclave" con una dinámica del capital dependiente de las economías desarrolladas. Mientras tanto, el aporte del autor incorpora las transformaciones que se dan en la región a la luz de los cambios que implica el proceso de industrialización, y señala

---

28 El concepto de "población marginal" es aplicado para los grupos sociales que están "al margen del desarrollo del país", quienes "no tienen nada" (Casanova, 1965). Sobre este punto, Nun (1969) aporta que el capitalismo de los países dependientes, en su fase monopolista, hace que los trabajadores no puedan vender su fuerza de trabajo y, por lo tanto, se conviertan en marginales.

29 En los estudios sobre el sector informal que aparecen a principios de los años setenta, en el marco del informe sobre Kenia publicado en 1972, aparece el concepto de sector informal urbano (SIU). Allí también, se tiende a disociar la economía en dos componentes: 1) un sector moderno (formal), orientado a la obtención de ganancias y caracterizado por trabajadores contratados en forma permanente y cuyas condiciones de trabajo están protegidas por la ley; y 2) un sector informal, caracterizado por operaciones en pequeña escala, poco capital, trabajo intensivo con tecnología atrasada, mercados competitivos y desregulados, bajos niveles de productividad y baja capacidad de acumulación (Beccaria, Carpio & Orsatti, 2000; Tokman, 1982).

la existencia de tres grandes estratos: uno "primitivo", con niveles de productividad e ingresos por habitante semejantes a los que existían en la economía colonial; uno "moderno", compuesto por actividades de exportación con productividad semejante a la promedio de economías desarrolladas; y finalmente, uno "intermedio", correspondiente a la productividad media nacional. Asimismo, mientras que en las economías desarrolladas, las actividades económicas modernas y atrasadas tienden a reducir sus diferencias en el marco del proceso de desarrollo, en la periferia la estructura global despliega un "ahondamiento" de la heterogeneidad (Pinto, 1970).

A una estructura productiva heterogénea, con fuertes distancias de productividad, corresponde un cierto tipo de estructura ocupacional[30]. En este sentido, los sectores de alta productividad ocupan mano de obra que constituye el empleo, mientras que en los sectores de baja productividad, con actividades de subsistencia, aparece el subempleo (Rodríguez, 1998).

De todos modos, dadas las características de acumulación en la periferia, es improbable que la gran industria monopólica relacionada con los sectores de alta productividad, absorba la mano de obra sobrante de los sectores de subsistencia. Por un lado, el progreso técnico se concentra en el sector moderno y genera rentas de privilegio que, dada la presión de las organizaciones sindicales, en parte se transfiere en forma de mayores salarios reales. Por el otro, la baja capacidad de ahorro en el sector atrasado, implica un aumento del subempleo y el empobrecimiento de los trabajadores. Esta heterogeneidad interna es una de las fuerzas que configuran una estructura de ingresos desigual entre los distintos sectores productivos. De esta manera, la segmentación laboral no se funda en distorsiones exógenas al modelo, sino en las relaciones de producción en general y el patrón de acumulación en particular (Salvia, Donza, Vera, Pla & Phillip, 2012).

Esta senda teórica despliega una línea de continuidad a través de los aportes de Marcelo Diamand, quien trata de manera extendida el problema de la dualidad económica. En línea con lo antedicho, el autor define una estructura productiva compuesta de dos sectores de productividades y niveles de precios diferenciales: el sector primario que trabaja a precios internacionales y exporta, y el sector industrial, que lo hace a un nivel de costos y precios superior al internacional, y se orienta al mercado interno. Específicamente, los diferenciales de productividad existentes se deben a las prósperas condiciones naturales, las cuales favorecen la productividad del agro, y al atraso del grado de desarrollo del país[31], el que repercute sobre la productividad industrial. La *estructura productiva desequilibrada* (EPD) establece un

---

30 Tal como señalan Salvia, Donza, Vera, Pla & Phillip (2012), vale la pena enfatizar el hecho de que no debe confundirse segmentación, concepto que remite al mercado laboral, con heterogeneidad estructural, la que referencia la estructura productiva.

31 Las condiciones para el desarrollo industrial tenían que ver con: un alto nivel de capitalización de la industria en sí y del contexto en el que opera; el dominio de la tecnología a través de la producción de bienes que incorporan

límite crónico al crecimiento de la economía, dado que el sector industrial requiere de divisas que no es capaz de generar, por lo que aparece una "insuficiencia crónica" para alimentar a pleno el aparato productivo (Diamand, 1988).

El concepto de heterogeneidad de la estructura económica y ocupacional es utilizado para explicar la desigualdad de ingresos provenientes del mercado laboral. A través de un esquema de sectores modernos (sector formal público y privado) y atrasados (sector informal), y la categoría ocupacional (asalariados y no asalariados –cuentapropia, patrones y servicio doméstico–), se sostiene que la inequidad distributiva se encuentra explicada, centralmente, por la heterogeneidad persistente (Salvia & Vera, 2011).

El esquema dicotómico de diferenciación sectorial se replica en visiones que ponen en el centro del análisis las diferencias de ganancias del capital aplicado al sector agrario e industrial. En la Argentina, la tasa de ganancia del agro se ubica sistemáticamente por encima de la del sector industrial. Para explicar la renta diferencial en estas tierras, se puede recurrir a la capacidad productiva superior del trabajo aplicado al sector agrario, dado el monopolio imperante sobre las condiciones naturales diferenciales no controlables por el capital medio de la región pampeana (J. Iñigo Carrera, 2007). En este marco, el capitalismo argentino en general y el capital industrial en particular, para valorizarse "en condiciones normales" requiere de compensaciones que surgen de la renta de la tierra como fuente esencial. Específicamente, en el caso de la industria argentina, los impuestos al comercio exterior aplicados por el Estado son centrales para compensar los inconvenientes de escala (Iñigo Carrera, 2007)[32].

En síntesis, los enfoques descriptos representan un importante aporte para pensar las características específicas de la acumulación sectorial del capitalismo nacional en relación con el ciclo internacional. No obstante, no hacen especial énfasis en las especificidades que se puedan encontrar en torno a la determinación de los salarios al interior de cada uno de estos grandes sectores, dado que ello no está dentro de las pretensiones explicativas.

Seguramente, los precursores de la tesis dualista, o cualquiera de sus continuadores, no negarían que el mercado de trabajo aparece segmentado en más sectores. La asunción y caracterización de dos sectores tiene que ver con una conveniencia analítica. Si la fragmentación, más allá del número de cortes, es el problema económico a analizar, entonces el supuesto más sencillo la reduce a su mínima expresión, o sea en dos (Basu, 1997, citado en Fields, 2004).

En los casos precedentes, la conveniencia analítica justifica la decisión sobre el recorte de sectores. No obstante, en mi investigación acerca de la desigualdad al

---

la tecnología en cuestión; la capacidad gerencial de coordinar las distintas actividades interdependientes que integran la industria; y el desempeño gubernamental (Diamand, 1985).

32 El estudio, que abarca prácticamente medio siglo (1929-1975), exhibe que alrededor de dos terceras partes de la renta son apropiadas por otros sujetos sociales distintos a los terratenientes.

interior de la clase trabajadora, requiero avanzar en un marco de investigación que permita incorporar otros elementos de discrepancia, que hacen a las especificidades productivas e institucionales con mayor desagregación sectorial. Una presentación dual ocultaría, al menos en parte, dichas particularidades. En el apartado siguiente, avanzo en la exposición de debates referidos a dicha apertura sectorial.

I.II.III. Desigualdad salarial a nivel de sectores económicos: dinámica del capital y capacidad de pago diferencial

Una pregunta que hasta aquí no se ha discutido es la de cómo pensar las diferencias que aparecen sectorialmente. Modelos como el de la "teoría de la fila" o la "teoría del reparto de rentas" (*rent-sharing models*), parten de analizar los determinantes salariales por el lado de la demanda y podrían aportar algunas pistas[33].

En el primero de ellos, Thurow (1972) cuestiona la teoría dominante cuando supone que el individuo con cierta dotación de capital humano, ofrece su fuerza de trabajo y compite vía precio de los salarios. El modelo se ajusta mejor, señala el autor, si en lugar de trabajadores que compiten por el empleo, se piensa en empleos que buscan gente. La "teoría de la fila" propone que la economía posee una cantidad de empleos determinada, en cada empleo el salario se determina en relación con las características del puesto de trabajo, mientras que la cualificación se obtiene, mayormente, una vez que se está en él. Luego, las características del individuo, en este caso el nivel de educación, permiten a los empleadores establecer una fila (imaginaria), donde aquellos trabajadores más formados se ubican en los primeros lugares, es decir, tienen mayores oportunidades de conseguir el empleo. En esta línea, Groshen (1991) afirma que el puesto de trabajo y el establecimiento explican prácticamente el total de la variación salarial intersectorial.

Por su parte, la teoría del reparto de rentas entre empresas y trabajadores, incorpora elementos vinculados con la demanda de trabajo, la estructura de los mercados de producto y la capacidad de pago de las empresas (*ability to pay*).

En su trabajo seminal, Slichter (1950) destaca que en el sector manufacturero estadounidense, los salarios aparecen correlacionados positivamente con varias medidas de la capacidad de pago de las empresas, tomadas durante los años 1939 y 1940. En adelante, la evidencia que se repite en la mayor parte de los trabajos es la correlación positiva entre ganancias y salarios. Blanchflower, Oswald & Sanfey (1992) sostienen

---

33 El modelo de salarios de eficiencia también problematiza las disparidades salariales a nivel sectorial. Sin embargo, no se discute dado que no son las características propias del sector, como la intensidad en el uso del capital o la mayor exposición a la competencia internacional, las que originan las diferencias. El análisis permanece, mayormente, centrado en características individuales como la lealtad, la calidad inobservable del trabajo o el propio esfuerzo.

que la determinación de salarios en la industria manufacturera norteamericana se ajusta a un modelo de reparto de rentas: más ganancias, más salarios.

De esta manera, se configura un cuerpo teórico que especifica la existencia de mecanismos implícitos de reparto de rentas, vinculados con el poder de mercado de las empresas, que dan lugar a una capacidad de pago diferencial y rentas compartidas con los trabajadores.

En resumen, la presente sección realiza un recorrido por los enfoques que enfatizan el estudio de la demanda de trabajo, provenientes desde ópticas macroeconómicas. Los aportes se organizan desde el análisis de los agregados macroeconómicos, por lo que representa en términos de ruptura con el modelo de mercado competitivo. Tanto Keynes como sus continuadores, no sólo rompen con la noción de mercado competitivo, sino que dan lugar al debate en torno a los factores que limitan la competencia, como las instituciones del mercado de trabajo, y entre ellas la acción de los sindicatos, que se discutirá en la próxima sección.

Los estudios que incorporan las diferencias sectoriales ponen el énfasis en la ganancia y la productividad diferencial, elementos que luego son vinculados con la dinámica de los salarios. Las explicaciones dejan de estar centradas en las características de los individuos para preocuparse por el puesto de trabajo. Es decir, el puesto es el que pauta la calificación necesaria, que condiciona la productividad laboral y, por tanto, las características del sector económico y el establecimiento son variables rectoras.

No obstante, aunque la capacidad de pago diferencial de las empresas ocupa un lugar relevante, hasta aquí la organización sindical no toma un lugar protagónico. En el caso en que existen beneficios por encima de lo normal, se estudian las características de la industria y el grado de poder de mercado que detenta, para luego buscar el vínculo con salarios. Es decir, el énfasis no está puesto en consideraciones sobre el poder sindical, ni en los requisitos para obtener parte de las *rentas no competitivas*, sino en el origen de estas. Un ejemplo es que buena parte de los trabajos encontrados dentro de esta línea contienen evidencia para Estados Unidos, donde se conoce, existe una menor incidencia sindical (baja tasa de sindicalización).

Por tanto, en el apartado siguiente se incorporan las lecturas que discuten el rol de las instituciones laborales en general, y la acción sindical en particular, para luego pensar el vínculo con la desigualdad salarial.

I.III. Sindicatos, instituciones y su incidencia en la determinación salarial

El debate en torno de las instituciones del mercado laboral impone volver atrás, hasta donde se presenta el enfoque estándar, para examinar cómo son incorporadas en dicho paradigma. Lo primero que debe mencionarse es que aún actualmente un gran número de modelos competitivos no incluyen dentro del análisis el poder explicativo del marco institucional que consta de elementos como la negociación colectiva, los sindicatos y las políticas públicas destinadas a incidir sobre el salario de la economía.

De todos modos, esta falta de jerarquización de los factores institucionales dentro de los modelos explicativos neoclásicos no se da en todos los casos. Pueden encontrarse referencias que datan de mitad de siglo pasado. Sin embargo, en aquellas versiones suelen ser incluidos como *variables externas* al funcionamiento del mercado laboral, que distorsionan su "normal" funcionamiento. En definitiva, hacen a la presencia de *imperfecciones*, añaden rigideces, que impiden alcanzar el salario de equilibrio e imponen un menor nivel de empleo a la economía.

Luego, el marco estándar incorpora miradas institucionalistas, las que subrayan que dichos factores son primordiales para entender la determinación salarial. Por lo tanto, se añaden las relaciones de poder que existen en el proceso: el resultado en términos de salarios debe ser leído a la luz de un complejo engranaje que incluye tanto el eje económico como el institucional.

El renombrado trabajo de Slichter (1950), entre sus reflexiones finales, y con la evidencia recabada como soporte, afirma la necesidad de imponer modificaciones a la teoría salarial "aceptada", la que, por ejemplo, no logra contener los efectos de la política salarial al favorecer salarios a expensas de las ganancias sobre una determinada industria.

En dicho esquema se inscribe la hipótesis de mercados internos de trabajo (Doeringer & Piore, 1985), también con un cuestionamiento a las leyes del mercado como factor excluyente en la definición del precio y cantidad de equilibrio. Los autores plantean que existe mercado interno cuando la decisión del trabajo a contratar y el salario que se paga por él, se rige por normas de tipo administrativo, como los convenios colectivos firmados entre sindicatos y empresas.

Las instituciones dan lugar a un gran número de mercados de trabajo relativamente aislados de las fuerzas del mercado (Kerr, 1954). En este sentido, Lester (1952) plantea la hipótesis de que las fuerzas de mercado imprimen los límites exteriores de una banda de variación salarial, dentro de la cual los empleadores tienen cierta discrecionalidad para definir. En este tipo de estudios resulta habitual encontrar al establecimiento o el sector industrial como unidad de análisis, en lugar del individuo como sucede en la órbita neoclásica.

No obstante, los sindicatos aparecen caracterizados como "grupos no competitivos", por lo que en ese punto no se rompe con el marco de razonamiento estándar. En el proceso de negociación colectiva, las organizaciones de trabajadores inciden sobre los salarios, que se ven poco afectados por la movilidad laboral. Por ende, las diferencias salariales intersectoriales están fundadas en elementos característicos, instituciones, del propio sector.

Los aportes mencionados se vinculan con la hipótesis de rigidez salarial fundada en los sindicatos, que presenta un modelo de competencia imperfecta, donde la función objetivo del sindicato involucra un objetivo económico vinculado con la maximización de la masa salarial (Dunlop, 1950). Luego, esta lectura economicista es cuestionada y la función se modifica para incorporar objetivos políticos y sociales: aun sin descartar los efectos sobre el bienestar, se añade la característica de voz colectiva, proveedora de efectos positivos en relación con la posibilidad de defender los derechos de los trabajadores (Freeman & Medoff, 1979; Pérez, Albano, & Toledo, 2007).

Los aportes teóricos previos dan lugar a lo que luego se enuncia como la teoría de la segmentación de los mercados, que trata el problema de las reglas institucionales que diferencian y compartimentan los mercados de trabajo. Los principales factores que se señalan tienen que ver con información imperfecta, barreras a la movilidad del trabajo e influencias institucionales como los ya mencionados *grupos no competitivos*. La denominación se explica en el accionar concreto de los sindicatos: como forma de monopolio, limitan el acceso a la actividad, restringen la oferta de trabajo y segmentan el mercado. De esta manera, logran fijar un salario por encima del equilibrio que hubiese resultado sin la existencia de dicha institución. Si bien los trabajadores sindicalizados se benefician al lograr salarios más altos, sobre el resto de la sociedad recaen costos en términos de desempleo involuntario, menor producción y bienestar. Así aparecen conceptos como los de mercados de trabajo estructurados o balcanizados.

De esta manera, se construye un marco de análisis donde aparecen, al menos analíticamente, divorciadas las nociones relativas a la dinámica económica y la política. Sobre los salarios, por un lado actúan las fuerzas del mercado, en un bloque de análisis que se mantiene, más claramente, de acuerdo con los argumentos del modelo competitivo. Por el otro, actúan las fuerzas institucionales, más precisamente, sindicatos y negociación colectiva.

La teoría de los salarios de eficiencia retoma la caracterización de los sindicatos y plantea la hipótesis de amenaza sindical (*unión threat model*). En este caso, la razón de la existencia de los salarios superiores a los competitivos, tiene que ver con que la amenaza de llevar a cabo una acción proporciona poder de negociación que permite apropiarse de parte de las rentas de las empresas (Dickens, 1986). Las firmas que intenten evitar la negociación colectiva con sus empleados deben pagar, al menos, un salario como el que reciben estando bajo el acuerdo. De esta forma, los "premios salariales" se relacionan negativamente con los costos de organización de los trabajadores, y positivamente con las ganancias de las empresas, lo que involucra el poder de estas en el mercado de producto y los altos ratios de capital-producto (Pérez *et ál.*, 2007). Así planteado, estas variables dan forma a la ecuación de ganancias potenciales de la sindicalización. Los salarios superiores que pagan las empresas surgen de su función de maximización de beneficios, e implican un racionamiento del empleo, es decir, una explicación para el desempleo.

Luego, puede establecerse un vínculo con elaboraciones teóricas que, si bien presentan diferencias en las recomendaciones de política para con las organizaciones sindicales, en el análisis del mercado de trabajo no difieren sustancialmente de las elaboraciones competitivas. El lugar de los sindicatos cambia, porque los resultados empíricos indican que su accionar reduce la dispersión de los ingresos en numerosos aspectos, tanto al interior de un establecimiento como entre los mismos, lo que tiene consecuencias favorables en términos de bienestar (Freeman, 1980). Por tanto, no se sugiere prohibirles o limitarles la representación de los trabajadores, ya que no se verifica que impongan distorsión alguna.

De esta forma, los sindicatos tienen como objetivo mitigar los efectos de los cambios en la oferta y demanda sobre los salarios, es decir "las fuerzas del mercado", lo que implica que se vuelve necesario un estudio que abarque tanto la dimensión económica como la institucional como dos explicaciones complementarias (Freeman, 1996).

Por último, y de manera sintética porque será tema del siguiente capítulo, el marco marxiano sostiene la tesis donde la propia dinámica de la competencia prevé la desvalorización de la fuerza de trabajo como un resultado esperado. De esta forma, las características tecnológicas de los capitales en los diferentes mercados, la acumulación diferencial y la tasa de desempleo se condicionan mutuamente y alteran las condiciones de poder de los trabajadores, quienes a partir de su organización buscan incidir en incrementos salariales. Si bien los salarios tenderán a moverse alrededor de un "centro gravitacional" dado por la productividad del trabajo, trabajadores suficientemente organizados podrán imponer condiciones de mejoras salariales, siempre que no cuestionen las condiciones normales de acumulación (Botwinick, 1993).

En dicho esquema, la sindicalización de los trabajadores no se analiza como un elemento que altera el "normal" funcionamiento del mercado, sino que se presenta como un contrapeso ante la dinámica impuesta por los capitales, y una necesidad, ante la permanente desvalorización de la vida.

II. De los aportes precedentes a la perspectiva propia

La dominancia teórica hace inevitable que al rastrear elementos conceptuales para pensar y definir el problema se comience por el marco competitivo: tanto sea para sostener la explicación desde dicho esquema, como para cuestionarlo e incorporar elementos que lo modifiquen total o parcialmente.

En este sentido, lo primero a mencionar es que el análisis estándar parte de enfatizar las particularidades de la oferta de trabajo, a partir de características de los individuos que la componen. La desigualdad aparece en las diferencias de posición:

si tienen más o menos educación, si viven en una ciudad más cara o si las tareas que realizan en el trabajo son poco saludables. De esta manera, se dificulta pensar el vínculo existente entre individuos y analizar facetas eminentemente relacionales como ganancias y conflicto, detrás de las que subyace el poder.

Debates posteriores en torno a los límites de la competencia como la hipótesis de salarios de eficiencia o la teoría del reparto de rentas, al problematizar las rentas *no competitivas*, modifican el marco original e incorporan las temáticas mencionadas. Sin embargo, en estos casos resulta complejo reconciliar enfoques que jerarquizan el estudio de la estructura de los mercados (concentrados) o las desiguales ganancias de las empresas, con el accionar sindical.

En la literatura reseñada sobre sindicatos sobresale la interpretación de grupo no competitivo y el resultado impuesto en torno a la rigidez salarial. Incluso en esquemas donde se pondera la acción sindical en términos de equilibrar las fuerzas del mercado, no deja de pensarse en términos de salarios *supracompetitivos* como en los casos de las hipótesis de *rent sharing* y *union threat*. En dichos enfoques, los elementos políticos relacionados con los procesos de organización y lucha de los trabajadores (con las posibilidades de imponer condiciones de negociación a los empleadores y de impactar en la institucionalización de los conflictos a través de políticas estatales concretas), los salarios mínimos o las negociaciones colectivas, por caso, no se erigen en un determinante clave.

Por otra parte, más allá de la perspectiva teórica y las variables involucradas en el análisis de la desigualdad, la aproximación sectorial es otro elemento que distingue y condiciona la investigación. Las lecturas de mercados de trabajo desde ópticas macroeconómicas, si bien permiten discutir argumentos vinculados con la estructura de los mercados, la productividad sectorial y condiciones de trabajo, arriban a conclusiones que ponen énfasis en los mercados de trabajo como un todo, o en algún caso con divisiones dicotómicas, elementos relevantes aunque insuficientes.

En el capítulo siguiente, busco integrar los elementos aquí planteados como diferencias o espacios vacantes. A mi entender, la dinámica del capital, mediada por el Estado, es la que incide prioritariamente en las condiciones de trabajo y salarios a nivel de sectores. Por tanto, el marco de análisis debe incorporar elementos que permitan discutir la lógica que domina dicha dinámica. Al mismo tiempo, "caerle" a los sindicatos para explicar rigideces del mercado de trabajo, cuestionar la movilidad del trabajo entre sectores e imponer costos en términos de empleo, es ocultar el conflicto de intereses entre empresarios y trabajadores y negar la distribución de poder asimétrica, a favor de los primeros.

Estos aspectos deben poder incorporarse en un marco de análisis que permita entender las inequidades de ingresos entre trabajadores de distintos sectores económicos, en un corto plazo y para una economía en particular, la argentina.

CAPÍTULO 3 /

Competencia capitalista y desigualdad salarial persistente. Una propuesta de lectura

"Vamos todos preparados,
con antorchas para poder alumbrar.
Nadie sabe donde vamos.
Todos siguen al de al lado
esperando que alguien sepa donde va".
"La Pandilla". Niño Cohete

L a desigualdad salarial persistente es una manifestación habitual de nuestras sociedades latinoamericanas. Sin embargo, las lecturas estándar del campo de la economía no reparan en este punto. Por el contrario, para pensarlo como fenómeno estructural, es necesario recuperar debates del pensamiento postkeynesiano sobre demanda sectorial; la corriente de pensamiento marxiana, relevante para pensar la competencia capitalista y el conflicto salarial (aspecto específico de la lucha de clases); y el dependentismo latinoamericano, para pensar las condiciones específicas de acumulación, dada la inserción periférica de la Argentina.

El esquema reposa en la noción de límites de variación superiores e inferiores de los salarios. Es decir, con dinámicas diferenciales según cada sector, los salarios se definen dentro de bandas, con fuerte incidencia de las condiciones de valorización del capital y organización de los trabajadores, mediadas por un aparato estatal que por medio de sus políticas también logra incidir. En este sentido, las circunstancias específicas de cada uno de los sectores, habilitan a pensar una estructura de salarios permanentemente desigual. A continuación, se desarrollan los distintos elementos conceptuales que integran una lectura menos frecuente de esta faceta de inequidad.

I. La competencia capitalista y los capitales líderes

En cada rama de actividad las empresas rivalizan por obtener los mayores márgenes de ganancia en el marco de la *competencia capitalista*. Cómo compiten y qué tipo de empresas son las principales ganadoras, es relevante para entender cómo es el proceso de formación de precios, obtención de ganancias y distribución de los ingresos socialmente generados.

Existen diversas interpretaciones acerca de las características del fenómeno de la competencia. Por un lado, la corriente principal propone un mercado atomizado: muchas y pequeñas empresas donde cada una tiene escasa capacidad de fijar precios. Cada firma es "tomadora" de precios, por lo que venderá su producto al precio que le dictamine el mercado. Éste permite confrontar las diferentes opiniones subjetivas de oferentes y demandantes, y de manera agregada da como resultado las características de la oferta y la demanda del bien. El sistema de precios explicitará el acuerdo de los agentes productivos con un margen de ganancia mínimo e idéntico para cada firma. Así, mediante la "competencia perfecta"[34] se alcanza la asignación eficiente de los recursos de la economía, surge el monto total de lo producido, y se arriba a un equilibrio estable, de manera armónica.

Por otro lado, la propuesta marxiana sostiene que la competencia por las ganancias no es un proceso armónico: cada capital individual batalla por capturar la mayor participación posible en el mercado y desplazar a sus competidores, por lo que la dinámica es turbulenta, contradictoria e inestable. Dicha contienda impone conservar los menores precios de los productos que se venden.

Asimismo, la competencia que se da entre sectores económicos es entendida como un proceso y no un estado, no puede pensarse un punto de llegada en torno a un precio definitivo. Remite a una dinámica permanente de disputas entre diversos capitales individuales por obtener, al menos, las tasas de ganancia "normales" para la rama. Específicamente, en cada momento del tiempo y espacio de valorización específico, hay sectores económicos que reportan mayores ganancias que otros. Por ejemplo, en la Argentina del siglo XXI es más rentable invertir en el sector agrario o minero, que en el transporte de pasajeros.

La competencia está regida por estos diferenciales de tasas de ganancias entre ramas. Aquellas ramas con rentabilidad más elevada tenderán a atraer capitales, mientras que en las ramas de menor rentabilidad los capitales migrarán (Marx, 2010). A medida que más capitales ingresen en las ramas de mayor ganancia, éstas irán decreciendo, y a la inversa. Por tanto, es posible sostener el enfoque de igualación de tasas de ganancia como una tendencia reguladora, siempre y cuando se recuerde que la igualación no es un estado estable para ningún capital individual. La movilidad de capitales produce una tendencia a la igualación de las tasas de ganancia entre ramas, pero dentro de cada rama existirán empresas más y menos rentables.

De esta forma, una segunda dimensión relevante para comprender la propuesta marxiana es la del tamaño de las firmas. En palabras de Marx (2004), "la lucha de la competencia se libra mediante el abaratamiento de las mercancías. La baratura de éstas depende, *cæteris paribus* [bajo condiciones en lo demás iguales], de la productividad del trabajo, pero ésta, a su vez, de la escala de la producción" (p. 778).

---

34 Prevé libre entrada y salida del mercado, oferentes y demandantes tomadores de precio, libre disponibilidad de la información, etc.

La escala de producción refiere al tamaño de planta, empresas más grandes, en el sentido de mayor volumen de producción, podrán alcanzar una estructura de costos menor y, por tanto, fijar un precio más bajo u obtener mayor margen de ganancia. Así, en la esencia del capital, la que aparece en la interacción contradictoria con el resto de los capitales, se encuentra la necesidad de preservar el valor del capital existente y promover su auto-expansión al límite máximo, o sea promover un crecimiento rápido de su valor.

En otras palabras, el proceso de competencia se encuentra imbricado con el fenómeno del crecimiento del tamaño de los capitales individuales (y desde ya, también con la formación de nuevos y defunción de otros). Este resultado del propio desarrollo del sistema capitalista, es lo que se conoce como la concentración del capital. La concentración está referida al incremento en la cantidad de medios de producción de la empresa, crece la escala, y consecuentemente, el comando de una planta de trabajadores mayor. Al mismo tiempo, dado que "abrevia y acelera la transformación de procesos de producción hasta ahora dispersos, en procesos combinados socialmente y ejecutados en gran escala" (Marx, 2004b, p. 782), se edifica en una de las grandes palancas de ese desarrollo.

Casi al pasar, se ha mencionado la necesidad de incrementar la productividad del trabajo como herramienta para desplazar a la competencia. En este esquema, el fundamento de la innovación y el desarrollo tecnológico se encuentra guiado por la obtención de ganancia. Siendo que las empresas poseen distinta tecnología, se presentan estructuras de costos y márgenes de ganancia individuales diferentes, dado que hay un único valor de mercado del producto. Aquellas que tengan los métodos de producción más eficientes, tendrán una estructura de costos inferior a la media de la economía. Menores costos equivalen a márgenes de ganancia superiores: al disponer de la mejor tecnología, podrán –transitoriamente–[35] apropiarse de márgenes de ganancia superiores a la media. Por último, como resultado, dichas empresas serán las que impongan los precios de las mercancías por los que finalmente se vendan (Shaikh, 1980).

Dinámicamente, a nivel de cada rama económica, la empresa que goza de una ventaja tecnológica como resultado de contar con un proceso productivo perfeccionado (y por tanto, produce con un tiempo de trabajo inferior a la media de la actividad), obtendrá una plusvalía extra hasta que se generalice la innovación. Es el propio proceso de competencia el encargado de generar que el nuevo modo de producción sea apropiado por otras empresas de la rama. Sin embargo, tal como señala Galván (1982), el proceso no se detiene en la generalización de la tecnología, el

---

35 Marini (1979) aclara que la apropiación de la ganancia diferencial será transitoria siempre y cuando las grandes empresas no detenten de monopolio tecnológico. Si esto fuera así durante varios períodos, entonces además del proceso de concentración del capital, se dará una "centralización brutal del capital" mediante la absorción de los capitales menores por los mayores.

mismo capital que detentaba la posición ventajosa, u otro competidor, introducirá una nueva innovación recomenzando la "ola cíclica": plusvalía extraordinaria, absorción y difusión de la nueva tecnología, plusvalía extraordinaria, y así sucesivamente. De esta forma, no se prevé una convergencia de las condiciones productivas, sino que se da un "proceso continuo de superación del desequilibrio por medio de la creación de nuevos desequilibrios" (Callicia, 1973, citado en Galván, 1982).

Asimismo, la dinámica de la innovación juega un papel importante en el proceso de concentración en cada sector económico, dado que existen capitales líderes con mayor dinamismo en la apropiación de las nuevas técnicas. Por lo tanto, la ganancia extraordinaria de los capitales que detentan desde un primer momento la innovación, incrementa sus posibilidades como generadores de una nueva tecnología.

Así, la plusvalía extra se convierte en un factor de ulterior concentración y desigualdad, al generar permanentemente nuevas situaciones de privilegio, o consolidar las vigentes, e imponer desniveles entre capitales *dominantes*, con tecnología de punta y alta productividad, y capitales *dependientes*, pequeñas y medianas empresas en posición desventajosa con relación al desarrollo técnico[36]. Vale aclarar que, si la competencia es procesual e inestable, la posición de capitales dominantes no es permanente para un capital individual. Toda vez que en el proceso de la competencia se enfrentan capitales individuales, se ponen en juego tanto la posición dominante de ciertos capitales como la supervivencia de todos los que ingresan al juego competitivo en cada rama de actividad[37].

Por otra parte, dado que el cambio tecnológico no es exógeno al proceso de acumulación de las grandes empresas, sino que proviene de decisiones vinculadas con su "business life" (ciclo de negocios), es central para explicar el proceso capitalista de transformación de la estructura económica y social (Galbraith, 1998).

En síntesis, la tendencia a la igualación opera como un centro de gravedad para aquellos capitales individuales que en cada rama de producción logran la estructura

---

36 Las relaciones económicas que se dan a través de la competencia, evidencian el fenómeno de dependencia, vinculado con una forma específica de acumulación en las pequeñas empresas, que elaboran una estrategia subordinada al proceso de valorización del capital en su conjunto, dominado por las grandes empresas. Según Marini (2007), la ventaja competitiva de las grandes empresas, es compensada por el conjunto de las pequeñas y medianas empresas mediante estrategias de producción de plusvalor absoluto que van desde la extensión de la jornada, la precarización laboral y a la súper-explotación de la fuerza de trabajo.

37 Los desafíos a tal posición dominante, provienen de una variedad de aspectos, entre los que se destacan: las diferentes proporciones de capital fijo en relación a la fuerza de trabajo empleada y las condiciones de mercado (tanto de los mercados de fuerza de trabajo como en los mercados de bienes finales). Sobre el primer aspecto, es de esperar que las ramas con una más alta dotación de capital fijo presenten tasas de ganancia con ciclos largos y con escasa volatilidad, es decir, desvíos pequeños en relación a la tasa media de ganancia. Esto se debe a que en industrias de este tipo se dificulta la entrada y salida del capital (en momentos donde existen ganancias y pérdidas extraordinarias, respectivamente). Por el contrario, en ramas de baja dotación de capital fijo, la entrada y salida de capitales es relativamente más sencilla por lo cual los ciclos son más cortos y pronunciados: mayores desviaciones por encima (rápida entrada de capitales al sector en cuestión), y por debajo de la media (rápida salida).

de costos más favorable y, por tanto, son los "ganadores" de los procesos de concentración y centralización del capital. Así, la reducción de los costos unitarios de producción aparece como la principal herramienta para remover la competencia. Dado que las ganancias son las que regulan el crecimiento de la economía capitalista, la acumulación requiere de la reinversión, al menos en parte, de aquellas ganancias en métodos de producción nuevos o más eficientes. Bajo esta lógica, a nivel de empresa en cualquier sector de la economía y al interior de toda rama, convivirán distintas tasas de ganancia, dadas por los diferentes métodos de producción y la antigüedad de los mismos. Sin embargo, los precios se corresponderán con los que impongan los *capitales dominantes o reguladores*, aquellos que disponen del mejor método de producción posible[38] (Shaikh, 1991).

II. Dinámica de los grandes capitales: un límite superior a los salarios

Hasta aquí se mencionó la importancia conceptual de las empresas dominantes, las que a través de su dinámica de inversión, marcan los tiempos del ritmo de acumulación de la economía. Dicho ritmo representa una variable crítica en el movimiento del ingreso medio del trabajo, dado que cuando el crecimiento del producto se acelera presiona al alza de los salarios (caída de la tasa de ganancia), y cuando se ralentiza, o incluso cae, incide a la baja, y se restablece una relación adecuada entre ganancias-salarios (Botwinick, 1993; Marx, 2004a). Es decir, más allá de lo que suceda con la organización de los trabajadores, un ritmo de acumulación acelerado presiona sobre la oferta de fuerza de trabajo, reduce la masa de trabajadores desocupados, incrementa los salarios y presiona sobre la tasa de ganancia. Si esto sucede, el ritmo de acumulación se ralentizará hasta que se establezca una apropiada relación entre oferta y demanda de fuerza de trabajo (Marx, 2004a).

Ahora bien, dicho movimiento referencia el vínculo que se establece entre tasa de ganancia y salarios (léase salario medio de la economía), pero ¿cuál es la relación en cuanto a la estructura salarial de cada sector y, por tanto, a la desigualdad entre diferentes sectores de actividad?

En cada rama, las entradas y salidas de capitales permiten establecer una ratio capital fijo-fuerza de trabajo que impacta sobre la tasa de ganancia sectorial, lo cual da lugar a una convergencia tendencial hacia la ganancia media para el conjunto de las ramas. Es aquí donde el ritmo de acumulación junto con sus ramificaciones sectoriales, aparece como la variable independiente crítica: tendencialmente ajusta para

---

38 Desde ya, en esta ecuación también priman las ventajas de localización y disponibilidad de los bienes naturales, fertilidad del suelo, explotación absoluta de la fuerza de trabajo, etc. (Shaikh, 1991).

que la oferta y demanda de fuerza de trabajo, mantengan la tasa de salarios dentro de los niveles de ganancia "normales".

De esta manera, si los capitales reguladores son los que se mueven de sector en sector buscando las mayores ganancias[39], y si son los que poseen las condiciones para incidir en el ciclo de inversión de cada sector (y por tanto de la economía en su conjunto), las tasas de ganancia de los capitales reguladores en cada rama (que tendencialmente se igualan), operan como un límite superior a la fijación de los salarios. Es decir, los incrementos de salarios no podrán trascender el nivel más allá del cual la tasa de ganancia se comprime al punto de cuestionar el normal desenvolvimiento de la acumulación (Botwinick, 1993; Marshall, 1979).

Una variable central para pensar los movimientos en el límite superior es la productividad. La incorporación de nuevos métodos productivos por parte de un capital individual dominante redunda en incrementos de la productividad laboral y, por ende, en una reducción del costo medio de producción. Esta nueva situación implica una ampliación del límite superior, lo que dicho de otra forma significa una mayor posibilidad de incremento de los salarios sin afectar la rentabilidad sectorial.

Es decir, todo incremento de productividad es pasible de ser obtenido por los trabajadores como incremento salarial. En este sentido, dado que la productividad horaria varía diferencialmente según sector, es de esperar una incidencia diferencial sobre el ajuste de la tasa de variación de los salarios (Sylos-Labini, 1974).

El concepto de límite superior es meramente teórico porque grafica un estado de las cosas donde los capitales dominantes, los más poderosos del sector, detentan la tasa de ganancia mínima posible para seguir en la actividad. Un escenario de este tipo, en el que los trabajadores organizados imponen las condiciones de la contienda, es algo improbable en el marco de las relaciones capitalistas de producción. Por lo tanto, el límite superior efectivo se distancia del teórico, al presentar una tasa de ganancia superior a la mínima posible, léase la tasa de interés de largo plazo (Sylos-Labini, 1974).

Podría aseverarse que este límite superior para la estructura y dinámica de los salarios es "económico", es decir, ligado a las características productivas de las principales empresas de cada rama, pues estas características determinan los valores esperados de ganancias. Sin embargo, la ampliación del límite superior nada dice sobre los incrementos efectivos de salarios en cada rama, para ello habrá que incorporar nuevos elementos conceptuales.

---

39 Debe pensarse que este tipo de empresas, de por sí, ya no se encuentran en un único sector, sino que tienen paquetes de negocios que involucran lo productivo (muchas veces en más de un eslabón de la cadena), y lo financiero.

Facundo Barrera Insua

III. Pensar la incidencia de la organización sindical: ¿es el valor de la fuerza de trabajo un límite?

Más allá de la relación entre las ganancias del capital en cada rama y la estructura de salarios, es imperioso discutir cuál es el *límite inferior* de los salarios. El punto de partida de este debate es, necesariamente, la discusión acerca del valor de "la fuerza de trabajo" como categoría diferente al salario.

Desde el punto de vista clásico, el valor de la fuerza de trabajo "está formado por dos elementos, uno de los cuales es puramente físico, mientras que el otro tiene un carácter histórico o social" (Marx, 1980, p. 69). La conjunción de ambos elementos remite a una canasta de bienes y servicios que los trabajadores requieren para satisfacer sus necesidades, en un contexto histórico y geográfico concreto.

La aproximación empírica del concepto, o sea cómo puede ser pensado en la realidad, varía ostensiblemente. Una primera visión, tal vez la más sencilla, plantea una identidad entre el valor de la fuerza de trabajo y la masa salarial. Por ende, el precio de la fuerza de trabajo, el salario, se iguala en todo momento al valor de la fuerza de trabajo[40].

Una segunda noción afirma que Marx acuerda con el planteo de la "Ley de hierro de los salarios" de Ricardo[41]. Según esta ley, los salarios reales se encontrarán en el nivel natural dado que si el salario de mercado se posiciona por encima, se produce un incremento de la reproducción de las familias, aumenta la oferta de trabajo y disminuye el salario de mercado. Si, por el contrario, el valor de mercado es inferior, disminuirá la tasa de reproducción de las familias, por lo que el salario acaba creciendo al nivel natural. Por lo tanto, estos autores aseveran que el valor de la fuerza de trabajo se encontrará en el mínimo de subsistencia, *a pesar* de la resistencia de los trabajadores. En otras palabras, la dinámica de la acumulación capitalista prima sobre todo lo demás, y el nivel de los salarios se ubica en torno al límite inferior.

Una tercera visión es la de Botwinick, quien sostiene que el límite inferior a la variación de los salarios es el valor de la fuerza de trabajo. Luego, si bien la lucha de clases es fundamental, señala el autor, el movimiento de la tasa de salarios está limitado y regulado por la dinámica de la acumulación capitalista. Esto es así porque la propuesta teórica alcanza un rango de largo plazo en el que la dinámica de la acumulación reconstruye permanentemente el ejército industrial de reserva, y con él se condiciona el poder de los trabajadores, el éxito de sus demandas. Por ende, bajo este esquema, las organizaciones de los trabajadores tienen mayor dificultad de conseguir

---

40 Ver Maniatis (2005); Moseley (1997); Shaikh & Tonak (1994).

41 Ver Hollander (1984); Meek (1956).

reivindicaciones salariales, lo que les resta incidencia sobre la determinación salarial, y por tanto el conflicto sindical pierde carácter explicativo[42].

Una cuarta disquisición es la que referencia la posibilidad de que la fuerza de trabajo se pague sistemáticamente por debajo del valor que corresponde a un cierto desarrollo histórico-social. Este aspecto fue introducido por Marini (2007) como una característica saliente de las economías periféricas de América Latina, producto de las estrategias del capital para insertarse en el marco de la competencia internacional. El autor designa el fenómeno como "super-explotación de la fuerza de trabajo". De adoptarse esta perspectiva, no hay ninguna condición teórica que permita afirmar a priori que las variaciones de salarios tienen por límite inferior el valor de la fuerza de trabajo, porque incluso pueden existir situaciones en las cuales los trabajadores reciban ingresos por debajo de lo socialmente aceptado en un momento histórico dado (trabajadores con ingresos por debajo de la línea de pobreza o bien menores al SMVM)[43]. Si bien no se descarta como posibilidad, al menos para un grupo de trabajadores, esta interpretación resta capacidad explicativa a las acciones de los trabajadores, y nuevamente pone por encima las determinaciones económicas, vinculadas con la dinámica de acumulación del capital.

La quinta y última opción expone que el límite inferior se rige según varían las condiciones de vida de los trabajadores, las que en largo plazo están determinadas exógenamente por circunstancias sociales e históricas[44].

III.I. Organización y acción de los trabajadores: el límite inferior a los salarios

Las lecturas reseñadas sobre el límite inferior de los salarios, por lo general emparentadas con la tradición marxiana, relegan el papel de la organización política de los trabajadores y su influencia en las políticas estatales. En dichos planteos el valor de la fuerza de trabajo termina actuando como un límite *superior*, y la determinación salarial pierde su carácter contingente relativo a la *lucha de clases*.

Por el contrario, aquí se pretende complementar dichos enfoques al entender que el límite inferior no puede ser resuelto apelando únicamente a la categoría del valor de la fuerza de trabajo, sino que la atención debe posarse también en la organización y acción de los trabajadores al observar el piso salarial que logran, efectivamente, imponer en cada rama.

En definitiva, cuán cercano sea el ingreso de los trabajadores con relación al límite superior o a cierta canasta de bienes que permita la reproducción del trabajador y su

---

42 Ver Botwinick (1993).

43 Ver Wells (1992).

44 Ver Sylos-Labini (1974).

Facundo Barrera Insua

familia, dependerá fundamentalmente de la fortaleza que los colectivos de trabaja-dores tengan en la negociación. Es decir, aquí se introduce un elemento contingente vinculado con su capacidad de disputa, organización y representatividad, en el marco de un aspecto específico de la *lucha de clases* como es el conflicto salarial.

Por otra parte, el conflicto contribuye a la consolidación del actor obrero por medio de un efecto de cohesión, donde la relativa homogeneidad en términos sala-riales o profesionales, propicia la aparición de un actor de clase[45]. De esta forma se le da relevancia a la toma de conciencia, la cual favorece la constitución de una acción colectiva que permita el crecimiento y consolidación de la organización de los trabajadores (Zapata, 1986).

Asimismo, la acción de los trabajadores debe estudiarse a partir del análisis de la forma sindicato como condición *sine qua non* para lograr una acción colectiva a gran escala, dado que tal como señalaran Shorter & Tilly (1986) en su clásico libro sobre *Las huelgas en Francia*, el conflicto no surge del estallido de individuos enco-lerizados sino que detrás de la acción existe un proceso colectivo que la origina[46].

En síntesis, en el enfoque propuesto los niveles de consumo necesarios para la supervivencia de los trabajadores, tanto en sus componentes físicos como histórico-sociales, aparecen como un límite inferior *teórico* a las reducciones de salarios. A su vez, en el corto plazo existirá una distancia entre el límite inferior *efectivo* y el límite inferior *teórico*, excepto que no existiera acción de los trabajadores (o fuera demasiado débil) que pugne por incrementos salariales. En este caso, el capital sí empujaría el valor efectivo hasta su mínimo posible, el valor de la fuerza de trabajo.

Al mismo tiempo, en el modelo de corto plazo el límite inferior teórico aparece como un dato (no se modifica), mientras que el efectivo tiene como referencia directa su valor, y la acción de los trabajadores organizados "se monta" sobre él. Por tanto, la distancia entre ambos tendrá que ver con las condiciones específicas del período tanto en lo que se refiere a una determinada forma de Estado, como a la organización y acción sindical.

Si se pretendiera ampliar el análisis al largo plazo, podría pensarse que el límite inferior teórico sí se modificaría, tanto por la incidencia de los trabajadores (quienes elevan el piso, producto de reivindicaciones conseguidas que son incorporadas como

---

45 La pertenencia de clase resulta relevante ya que, en tanto posición "objetiva" en las relaciones sociales de trabajo, explica a la vez las posibilidades de acceso a bienes y servicios, y en parte, las prácticas culturales y las actitudes "subjetivas" de los individuos (Dubar, 2003).

46 En este sentido, en un clásico trabajo sobre las fluctuaciones económicas y huelgas de los trabajadores, Hobs-bawn (1979) muestra que las "explosiones" en los movimientos sociales europeos coinciden con el surgimiento de nuevas organizaciones y con la adopción de nuevas ideas, direccionamientos políticos, tanto en las previa-mente existentes como en las nuevas.

parte de los bienes de consumo necesarios para el trabajador y su familia)[47], como por la dinámica del capital que amplía la producción y crea nuevas necesidades sociales[48].

IV. La contingencia en la determinación del salario: Estado, conflicto salarial y cristalizaciones en la política púbica

Llegado este punto, es clave incorporar un tercer aspecto que, por lo general, no integra el análisis estándar sobre la determinación de salarios y desigualdad: la influencia de las políticas estatales en la determinación del salario.

En primer lugar, se parte de explicitar la interpretación del Estado que contiene el libro. En el capitalismo moderno, con ciertas excepciones como en procesos dictatoriales, las políticas públicas son parte de una selectividad-estratégica de los actores estatales que responde a la correlación de fuerzas de las organizaciones sociales y políticas que operan en cada coyuntura (Jessop, 2007a; López, 2014). Esta lectura del Estado es conocida como el enfoque estratégico-relacional (Jessop, 2007), y permite pensar la dinámica económica e institucional de manera integrada, como parte del mismo proceso.

En este sentido, el Estado es una relación social y no un sujeto en sí mismo. El poder estatal expresa una condensación de fuerzas sociales contradictorias, resultado de estrategias diferenciales de actores con capacidad para direccionar ese poder hacia sus propios intereses. Es decir, el Estado no ejerce poder por sí mismo, sino que expresa el poder de quienes logran imponer sus intereses a través de esta "red institucional". En palabras de Jessop (2014),

El sistema estatal es el sitio de la estrategia. Se puede analizar como un sistema de selectividad estratégica, es decir, como un sistema cuya estructura y modus operandi son más abiertos a algunos tipos de estrategia política que a otros. Así, un determinado tipo de Estado, una determinada forma estatal, una determinada forma de régimen, será más accesible para algunas fuerzas que para otras en función de las estrategias que adopten para ganar poder estatal. Será también más adecuado para la búsqueda de ciertos tipos de estrategia económica o política que de otros, debido a los modos de intervención y a los recursos que caracterizan tal sistema (p. 34).

---

47 Sylos-Labini (1974) señala que los reclamos de los trabajadores encuentran menos resistencia en los momentos de incrementos de productividad. Incluso, a menudo son los propios empresarios los que aumentan los salarios con objeto de mantener su planta de trabajadores, y atraer otros nuevos.

48 Con el propio desarrollo de las fuerzas productivas, el capital tiende a expandir las necesidades sociales mediante una creciente cantidad de valores de uso disponibles para el consumo. A través de esta expansión pueden resolverse en la esfera de la circulación parte de las contradicciones que son inherentes a la producción (Lebowitz, 2005).

La categoría de selectividad estratégica sirve para dar cuenta de la autonomía relativa de una decisión de actores estatales. Ahora bien, si bien la decisión es "selectiva", esto de ninguna manera niega que se encuentra condicionada por la estructura social y las correlaciones de fuerzas sociales que le dan marco a dicha decisión de política estatal.

Por otra parte, las fuerzas sociales definidas estilizadamente como las que agrupan los intereses de empresarios y trabajadores, no existen de manera independiente del Estado, sino que se conforman en torno al sistema de representación, la estructura interna y sus formas de intervención. Esto da lugar a una dialéctica compleja entre Estado y sociedad civil que debe ser problematizada. De manera similar, para Gramsci (2004) el poder del Estado es una relación compleja que refleja el cambio en el balance de fuerzas sociales en una determinada coyuntura. Por ello, es relevante estudiar las realidades concretas para comprender la forma y el contenido de las relaciones entre Estado y sociedad, más allá de las generalidades de los Estados capitalistas.

Asimismo, aunque parezca una obviedad vale recordar que el objeto de análisis es un Estado capitalista, que crea, mantiene o restaura las condiciones requeridas para la acumulación de capital en una realidad histórica concreta. Ahora bien, Jessop propone la noción de "estrategia" como forma de resolver el falso dilema entre "leyes de hierro del capital" y "modalidades concretas de lucha" derivadas desde una perspectiva empirista. La idea de estrategia le permite unir ambos lados del análisis. La lucha de clases puede manifestarse a través de una diversidad de estrategias que, en ocasiones, permiten consolidar la dominación de la clase dominante y, en otras, dan lugar al desgaste de su capacidad para ejercer poder con la mediación del Estado (López, 2014).

El marco institucional definido por el Estado contribuye a través de la política económica, social y laboral, a determinar el poder relativo entre trabajo y capital. Resultante de la pugna de intereses contradictorios, en el corto plazo el componente de la legislación laboral cristalizado en un determinado marco de la negociación, puede favorecer al actor poderoso o condicionar la plena disposición del poder del mercado.

El Estado más racional y mejor estructurado, no garantiza completamente la reproducción del capital, dado que reconoce la oposición de la clase trabajadora organizada. Por tanto, a la par que garantiza un piso mínimo de rentabilidad a los capitales de las diversas ramas de producción, reconoce las demandas de los trabajadores en relación a pisos salariales y otros derechos laborales (Esping-Andersen, Friedland, & Wright, 1976).

Las modificaciones en la política con destino al mercado de trabajo pueden favorecer o bien variaciones más amplias o más acotadas en los salarios, como resultado de la distribución de poder en la sociedad. Una condición necesaria para que los trabajadores puedan imponer sus intereses como resultado de la negociación es la posibilidad concreta de accionar colectivamente y causar daño significativo a la patronal (Campos, Campos, Frankel, Campos, & Guerriere, 2013). Por tanto, si bien la negociación de los trabajadores con los empresarios está signada por una multiplicidad de factores que van desde los repertorios de acción colectiva hasta la incidencia en los proyectos hegemónicos a escala nacional, dentro de dicho esquema interesan en particular: la negociación colectiva y la acción sindical.

En resumen, las instituciones laborales permiten cristalizar en el plano burocrático-administrativo una correlación de fuerzas determinada y, por ello, convertir ciertas demandas de los trabajadores en pisos más estables para los incrementos salariales a la vez que permiten la reproducción del capital. Este caso, bien puede ser entendido a través de los acuerdos colectivos, que establecen pisos salariales para los trabajadores de cada sector de actividad.

V. Síntesis de la propuesta teórico-metodológica para el estudio de la desigualdad salarial

La propuesta que se sintetiza a continuación forma parte de un proceso de elaboración a partir de enfoques precedentes y con la necesidad de aportar una lectura específica del problema de la desigualdad salarial intersectorial, que pueda ser trabajada empíricamente.

Sin ir más lejos, la noción del rango de variación de los salarios tiene más de 60 años, y surge de un cuestionamiento al enfoque estándar (Lester, 1952). Luego, elementos que hacen a la dinámica de la acumulación de capital a nivel sectorial (que se expresan en valores de ganancia y productividad diferencial), y aquellos que incorporan la "amenaza sindical" o la distinta "capacidad de pago", son tomados en cuenta para pensar el esquema de posibles interrelaciones entre las principales categorías del enfoque.

El rango se construye a partir de los factores que definen el límite superior e inferior efectivos de variación de los ingresos laborales, en un marco institucional determinado. En cuanto a la política estatal, la unidad de análisis son las políticas laborales, con particular interés por la negociación colectiva.

Hasta aquí presenté por separado cada uno de límites. Sin embargo, la definición del *salario medio sectorial*, una medida representativa del conjunto de los salarios, depende de la interacción de los factores que los componen.

En primer lugar, las tasas de ganancia de los capitales dominantes en cada rama, si bien forman parte de una igualación tendencial, son la expresión de un proceso desigual de adopción de nuevas técnicas de producción en el marco de la competencia capitalista. En concreto, un incremento de productividad con una reducción en el costo medio de producción en un sector determinado, favorece la posibilidad de incrementar salarios sin afectar la rentabilidad.

La diferenciación en tasas de ganancia sectorial en tanto límite superior (teórico y efectivo, ya que uno va atado al otro), favorece la tendencia hacia la diferenciación de salarios. En otras palabras, el nivel salarial que cuestiona el normal desenvolvimiento de la acumulación sectorial es disímil y se explica en las propias características productivas relativas a cada sector. Por ende, dos conflictos por incrementos salariales iguales, impulsados por sindicatos idénticos, pueden llegar a resultados diferentes. Hete aquí, la primera fuerza de desigualdad de los salarios que parte de la capacidad de valorización del capital, es decir, de las diferentes posibilidades de apropiación del plusvalor.

En segundo lugar, en teoría, el límite inferior de la determinación salarial puede ser resuelto al apelar a la categoría de valor de la fuerza de trabajo. Asimismo, podría afirmarse que este valor transciende las dinámicas sectoriales, por tanto, representa una referencia única para el conjunto de los sectores.

Sin embargo, al menos en el corto plazo, por sobre ese valor operan los conflictos salariales impulsados por sindicatos sectorialmente situados, y estas organizaciones (también explicado por las características de la actividad económica) varían de sector a sector. Dichos conflictos pueden diferenciarse en términos temporales. Por una parte, el accionar pasado puede verse reflejado en los acuerdos en el marco de la negociación colectiva. Aquí, el Estado convierte ciertas demandas en pisos más estables para los incrementos salariales. Mientras, por el otro, se encuentra el accionar presente que incide en la misma dirección.

En particular, dentro de los procesos de formación de clases, el conflicto decodifica los rasgos de gestación de una fuerza social y política, al tiempo que opera un proceso que se dirige desde la fuerza de trabajo individual en un mercado, a la constitución de un actor colectivo en un determinado escenario institucional y de relaciones de fuerzas sociales y políticas (Gómez, 2000). De esta forma, el conflicto salarial toma un rol preponderante a la hora de analizar el valor que detenta el salario efectivo en diferentes ramas de actividad.

Además, dado que el conflicto por los salarios no proviene de un estallido de individuos encolerizados sino que requiere de un proceso de organización política (Shorter & Tilly, 1986), el estudio de la acción de los trabajadores debe realizarse a partir del análisis de la forma sindicato, como condición *necesaria* para impulsar las demandas laborales. Es decir, entiendo que los conflictos vinculados con la disputa por los ingresos requieren de la organización sindical y son expresión de la misma.

Entonces, dado que el valor de la fuerza de trabajo funciona como referencia teórica común, la fuerza que puede imponer una diferenciación sectorial se relaciona con el accionar sindical, que en los hechos podría fijar un "piso" salarial efectivo según rama de actividad, vía conflictos pasados y presentes.

Por tanto, si bien la capacidad de negociación de los trabajadores con los empresarios está signada por una multiplicidad de factores que van desde los repertorios de acción colectiva hasta la incidencia en los proyectos hegemónicos a escala nacional, aquí interesan, particularmente, los conflictos que encabezan las organizaciones de trabajadores asalariados.

En definitiva, cuán cercano sea el ingreso de los trabajadores con relación al límite superior efectivo o a cierta situación de subsistencia, dependerá también de la fortaleza que los colectivos de trabajadores tengan en la negociación. Es decir, aquí se introduce un elemento contingente vinculado con la capacidad de disputa, organización y representatividad que logran los trabajadores, en el marco de un aspecto específico de la *lucha de clases* como lo es el conflicto distributivo.

Como síntesis gráfica, a continuación propongo un esquema que permite integrar las principales interrelaciones teóricas comentadas para dar cuenta de las disparidades salariales entre ramas de actividad.

Gráfico 7. Esquema teórico de corto plazo para el análisis de la disparidad salarial por sector económico.

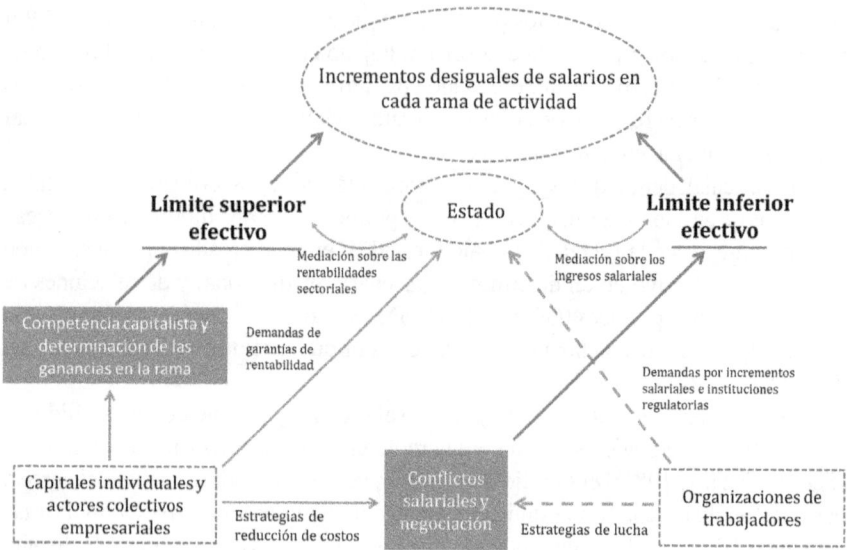

Fuente: Elaboración propia.

En el capítulo siguiente comenzaré a abordar empíricamente parte de estos desarrollos teóricos para el caso argentino. En primer lugar, centraré el foco de atención en los mencionados capitales reguladores, ya que en la dinámica del capital, y por tanto en la fijación de los límites superiores, no todos los capitales tienen igual incidencia. De allí que sea relevante estudiar las grandes empresas de la Argentina, siendo éstas las que impulsan el proceso general de acumulación y precisan las "reglas del juego" competitivo.

CAPÍTULO 4 /

Dinámica del capital en la Argentina: capitales líderes y acumulación dependiente

> *"Yo no fui de abajo,*
> *más los sueños de bolsillo son muy grandes.*
> *No importaban las balas,*
> *no importaban las ganas, solo el sucio botín".*
> "Bower". Raly Barrionuevo

Introducción

El capítulo previo presentó un "modelo", resultado de diversos aportes teóricos, para estudiar la desigualdad salarial. De manera estilizada, las consideraciones acerca del nivel y evolución de los salarios se engloban en dos grandes grupos: las determinaciones vinculadas con la dinámica productiva del capital, y la acción de los trabajadores para incidir en la disputa por los salarios, todas bajo la mediación del Estado.

En lo relativo al debate sobre el límite superior de los salarios, se parte de revisar la forma concreta que toma la valorización del capital en la Argentina. Para ello, se estudia la dinámica de las grandes empresas, considerando el carácter periférico y dependiente del país.

Asimismo, se analizará al mercado de trabajo como una unidad en relación con las tendencias económicas generales (Producto Bruto Interno, valor agregado total, tasa de ganancia de grandes empresas, tasa de desocupación), y con especial atención en el *nivel* general de los salarios.

En la segunda sección, se realiza un breve desarrollo histórico-lógico del capital dominante en nuestro país, allí se presta especial atención al devenir del capital extranjero, dado que éste se encuentra estrechamente asociado con el proceso de concentración económica.

Además, se estudian las condiciones de acumulación de dichos capitales, a través de la Encuesta Nacional a Grandes Empresas (ENGE-INDEC). Dicho análisis me permite poner de manifiesto la relevancia de las grandes empresas en la economía nacional: entre otros elementos, explican una tercera parte del producto total de la Argentina y su tasa de ganancia (1993-2012) ostenta un notable vínculo con el producto de la economía.

En la sección tercera, a partir de variables como utilidades, productividad y salarios de las empresas, presento la contracara de la producción de ganancias, es decir su distribución entre los dueños del capital y los trabajadores.

Finalmente, en la última sección se reflexiona sobre el significado de las decisiones de los grandes capitales, en buena medida extranjeros, en torno al marco general de la acumulación de capital en la Argentina.

I. Apuntes sobre la llegada de los capitales líderes a una nación dependiente

La forma concreta de la valorización del capital en la Argentina, en su condición de país periférico, distingue la trayectoria que siguen las empresas para conseguir la "dominancia" del mercado. La posición subordinada del ciclo del capital local al ciclo de escala internacional, se puede ver expresada en la producción y reproducción de la vida en la periferia, rasgos distintivos compartidos a nivel regional.

El desarrollo del sistema capitalista, acelerado desde de la década de 1970, se ha caracterizado por la superación progresiva de las fronteras nacionales dentro del mercado mundial. Esto atañe no sólo a la estructura de producción, la circulación de bienes y servicios, sino también a la geografía política y las relaciones internacionales, la organización social, las escalas de valores, la circulación de la fuerza de trabajo y hasta las configuraciones ideológicas de cada país (Marini, 1996).

En este sentido, no se puede perder de vista que el análisis de la dinámica macroeconómica expresa relaciones económicas y políticas, que no comienzan y acaban en los espacios geográficos nacionales, sino que se definen con relación a un contexto internacional. Es por esto que muchos elementos del devenir histórico del gran capital en la Argentina del siglo XX, encuentran puntos de unión con lo ocurrido en el resto de los países de la región en tanto receptores, y con dinámicas impulsadas desde el centro del mundo.

Hasta la primera mitad del siglo XX, la inserción de las economías latinoamericanas al ciclo de valorización del capital a escala internacional, se supedita al rol de productoras de bienes primarios para el consumo asalariado y materias primas para la industria alimenticia de los países centrales. Dicho propósito favorece que la región se inserte al mundo de manera definitiva, con un papel central en la acumulación de capital a escala global, al asegurar el abaratamiento de la fuerza de trabajo del centro (Marini, 2007).

A partir de 1930, en el marco del proceso de industrialización, la Inversión Extranjera Directa (IED) comienza a tomar un rol preponderante en el ciclo del capital, configurando un nuevo escenario de relaciones sociales y de formas de producción material (Marini, 2007). En las economías latinoamericanas, el origen del capital es un aspecto relevante para el análisis de las técnicas productivas. Los capitales transnacionales que operan en estos países son, generalmente, más avanzados tecnológicamente que los domésticos, por lo que predominan en la distribución de lo producido (Barrera & López, 2010; Gaggero, Schorr & Wainer, 2014; Wainer & Belloni, 2015). Así, en todas las ramas existe una elevada discrepancia entre la productividad del trabajo empleado en grandes capitales transnacionales *vis a vis* la existente en los de menor tamaño, por lo general del ámbito nacional (Marini, 1979a). En un análisis para la industria argentina de los años treinta del siglo pasado, Villanueva (1972) señala que la protección tarifaria y la preservación de los derechos de exclusividad sobre tecnologías, fueron condiciones fundamentales para la instalación del capital transnacional.

Con la crisis económica internacional que se da en el período entre guerras mundiales, se dificulta la acumulación basada en la producción para el mercado internacional, producto de las barreras arancelarias que comienzan a desplegarse. Éstas buscan alentar la industria nacional y delimitar la entrada de bienes terminados provenientes de países centrales. Por lo tanto, la penetración de los mercados nacionales protegidos, requiere que las corporaciones, particularmente norteamericanas, comiencen a establecer subsidiarias dentro de América Latina, de modo de eludir dichas barreras (Petras, 1993).

En torno a la década de 1930, comienza una nueva etapa del proceso de industrialización con un eje orientado hacia el mercado interno, y un papel más preponderante del consumo de los trabajadores en la realización del valor[49]. Según señala Basualdo (2006), en el marco del proceso regional de penetración de los mercados nacionales mediante el establecimiento de subsidiarias, hacia mitad de la década de 1950 el capital extranjero posee una posición dominante entre las empresas industriales más rentables de la Argentina. De esta manera, el capital líder se enmarca dentro de un proceso más amplio de comportamiento del capital industrial extranjero.

Durante el gobierno desarrollista que se extiende entre los años 1958 y 1962, se evidencian los valores más elevados de inversión externa neta hasta el momento y la consolidación de la posición dominante del capital extranjero en nuestro país (Peralta-Ramos, 2007). La sanción de la ley de aliento a las inversiones extranjeras en 1959 (Ley N°14780) resulta definitoria[50]. Esta permite que el capital extranjero se

---

49 De acuerdo a Cortés & Marshall (1986) la explicación clásica de la reducción del saldo exportable a partir del consumo asalariado es cuestionable. Las autoras muestran que dicho planteo "minimiza el rol del consumo de los capitalistas, e ignora el peso decisivo que tienen los asalariados de elevados ingresos en la determinación de la propia masa salarial". Asimismo, vale la pena señalar que el papel que desempeña el incremento del consumo de los trabajadores en la determinación del saldo exportable y en la demanda de importaciones, tiene una incidencia mayor en la etapa descripta en relación a momentos posteriores.

50 Los puntos salientes de la ley se sintetizan en que: a) las inversiones extranjeras gozan de los mismos derechos que las nacionales; b) las inversiones de capital extranjero pueden realizarse tanto en divisas, como en maqui-

dirija a mercados protegidos, con la posibilidad de fijación de precios oligopólicos y valorización del capital antiguo en sus países de origen.

De este modo, gracias a la estructura interna de los mercados –con una industria liviana desarrollada–, y a la política de fomento de los distintos gobiernos desde 1958 en adelante, se permite que el capital industrial extranjero pase a controlar sectores económicos claves. Así, esta fracción del capital pasa a ser hegemónica, no por el control mayoritario de la producción industrial, sino por la estructura oligopólica de los sectores de la producción en los que se radica (Basualdo, 2006).

Luego de la ruptura de los acuerdos del Bretton Woods en la década de 1970, se produce una rápida liberalización del movimiento internacional de capitales. El contexto más favorable producto de los avances en términos de transporte y comunicaciones, se presenta ahora con tipos de cambio flexibles e incrementos de la tasa de interés internacional dada por la economía hegemónica, Estados Unidos. El movimiento de capitales, y la amenaza de su retiro, incrementan el condicionamiento sobre la política pública, monetaria y fiscal, en los países dependientes. Asimismo, dicha liberalización se inscribe en un proceso más amplio de desregulación del sistema bancario en particular, y del mercado financiero en general, que tiene como objeto relanzar la acumulación a través del incremento de la ganancia de las inversiones financieras y su libre reasignación entre actividades (Arceo, 2005).

En este contexto internacional, en la Argentina se produce el golpe de Estado cívico-militar de 1976 con un giro neoliberal que profundiza las tendencias a la transnacionalización del capital, la importancia del capital financiero y, consecuentemente, exacerba la concentración y centralización. Por tanto, el giro de los años setenta consolida el poder y los ingresos de la clase dominante. Son cuatro los cambios introducidos que tienden a favorecer al gran capital en general, y al extranjero en particular: a) se modifica la legislación económica (nueva ley de inversiones extranjeras –Ley Nº 21382[51]– y alteraciones en la legislación de promoción industrial y de transferencia tecnológica); b) apertura de la economía; c) reforma financiera, y d) implementación del enfoque monetario de balanza de pagos (Azpiazu, 1995). Estos cambios de rumbo en la política económica impuesta por la dictadura, buscan remover la dinámica económico-social que se da al interior del modelo sustitutivo, con un rol activo del Estado hacia la liberalización de los mercados, buscando una modificación de la estructura productiva del país.

---

naria, equipos o repuestos, y son registradas al tipo de cambio libre; c) no existe ningún tipo de restricción para la remisión de utilidades y la repatriación de capital a través del mercado de cambio; d) arancel "0" para la importación de bienes de capital; y e) suministro preferencial de materias primas, energía, combustibles y transporte, entre otros elementos relevantes.

51 Dicha ley tiene el claro objetivo de flexibilizar las condiciones de incorporación de la IED, y las actividades de las empresas transnacionales en el país.

Facundo Barrera Insua

A fines de los años ochenta, comienza a evidenciarse un fuerte crecimiento de la Inversión Extranjera Directa (IED) ligada, principalmente, a la afluencia de los programas de capitalización de la deuda externa (Azpiazu, 1995). Durante los años noventa, dos fenómenos son centrales a la hora de definir las transformaciones estructurales en la cúpula del capital: la privatización de las Empresas Públicas durante la primera mitad de la década, y el progreso de las Fusiones y Adquisiciones (F&A), durante la segunda mitad (Belloni & Wainer, 2013).

La participación del capital extranjero en el proceso privatizador se da a través de consorcios, prácticamente como requisito, ya que en los pliegos licitatorios se exigía que la operación técnica estuviera a cargo de empresas con experiencia previa (la cual no estaba presente en las firmas de origen nacional) (Basualdo, 2006). En este marco, entre la segunda mitad de los ochenta y la primera de los noventa, el promedio de los flujos anuales de IED a la Argentina se duplica.

El proceso de concentración y centralización del capital en Argentina, toma mayor dimensión desde principios de la década de 1990, siendo de central importancia los procesos de privatización y apertura económica (Basualdo, 2000)[52]. La consolidación del modo de acumulación "hacia afuera", impone a los países periféricos la necesidad imperiosa de mejorar su posición competitiva (Ceceña, 1996). Esto demanda rearticular las relaciones laborales a los fines de conformar una nueva fuerza de trabajo adaptada a las formas vigentes de organización de la producción. La retracción de la cantidad de trabajadores manuales, el achicamiento de las horas de trabajo poco calificado a partir de la incorporación de nueva tecnología –automatización de los procesos productivos–, el incremento de la participación del sector servicios, y una masa de trabajadores precarizados que se suma al tradicional ejército de reserva, son algunos de los cambios que presenta el mercado laboral. Además, el cambio regresivo de las políticas laborales, profundiza las tendencias mencionadas del mercado de trabajo.

Estas tendencias, modifican profundamente la dinámica de acumulación de capital en Argentina. Un mayor desfasaje entre patrones de consumo y estructura productiva, una elevada concentración del capital y niveles inéditos de extranjerización de la economía, son algunos de los resultados de peso del proceso de cambio regresivo que implica el neoliberalismo.

---

52 Vale aclarar que si bien muchas veces el proceso de concentración y centralización se mencionan al mismo tiempo dado que tendencialmente forman parte del propio desarrollo del capitalismo, no necesariamente ocurren de manera simultánea. La centralización se refiere a la propiedad del capital, mientras que la concentración refiere al acrecentamiento del valor del capital. Puede ocurrir que idénticas porciones de capital pertenezcan a menos capitalistas (centralización sin concentración), o que crecientes porciones del capital pertenezcan al mismo número de propietarios (concentración sin centralización).

II. Los capitales líderes en la Argentina desde la Convertibilidad a nuestros días

La relevancia de las empresas líderes se manifiesta, entre otros aspectos, en la magnitud de su participación en la economía nacional y en su incidencia en la dinámica del producto. La Encuesta Nacional a Grandes Empresas que elabora el INDEC, contiene información de las 500 empresas privadas más grandes del país (medidas según sus ventas), que permite dimensionar estos fenómenos. Sectorialmente, incluye empresas con actividad principal de minería, industria manufacturera, electricidad, gas y agua, construcción, comercio, transporte, comunicaciones y otros servicios. El panel no incluye empresas agropecuarias ni financieras.

Entre los años 1993 y 2000, la participación del valor agregado de las 500 más grandes empresas sobre el valor agregado para el total de la economía[53] –ambos medidos a precios corrientes de productor–, crece de 19 a 24 puntos porcentuales, lo que implica un incremento en la concentración superior al 25%. Sin embargo, es la crisis y posterior salida devaluatoria, la que impulsa la concentración a los niveles actuales.

Luego de la transferencia de capital e ingresos ocasionada por la resolución de la crisis económica de 2001, el valor agregado de las grandes firmas alcanza el 36% del valor agregado del país, para los sectores incluidos en la encuesta. A partir del año 2003, la gravitación de las grandes firmas no sufre modificaciones sustantivas. Si bien hasta el año 2009 parece haber un proceso de desconcentración, a partir de aquel año y hasta 2012, se observa una reversión. Por ende, una vez relanzado el proceso de acumulación en el año 2003, la concentración se encuentra en el 34%, casi idéntico porcentaje que aparece en el año 2012. Dicho de otra forma, más allá de los vaivenes durante el período, se puede decir que la expansión de las grandes empresas es semejante a la de las restantes firmas para el conjunto de los sectores productivos (Gráfico 8).

Los datos que señalan la concentración a partir del tamaño de planta, confirman esta tendencia: en 1994 las plantas con más de 100 trabajadores ocupados dan cuenta de alrededor del 59% de la producción total, mientras que diez años después el porcentaje se aproxima al 68% (la concentración del capital se incrementa en un 15%)[54].

---

53 Para lograr que sea comparable, el valor agregado correspondiente al total de la economía, tiene deducidos los montos correspondientes a los sectores agricultura, ganadería, caza y silvicultura, pesca, intermediación financiera, y actividades inmobiliarias, empresariales y de alquiler, sectores que no se encuentran incluidos en la ENGE.

54 Fuente: Censo Nacional Económico 1994 y 2004-2005.

Facundo Barrera Insua

Gráfico 8. Participación del Valor Agregado de las Grandes Empresas en el Valor Agregado Total. Miles de millones de pesos corrientes. Años 1993-2012.

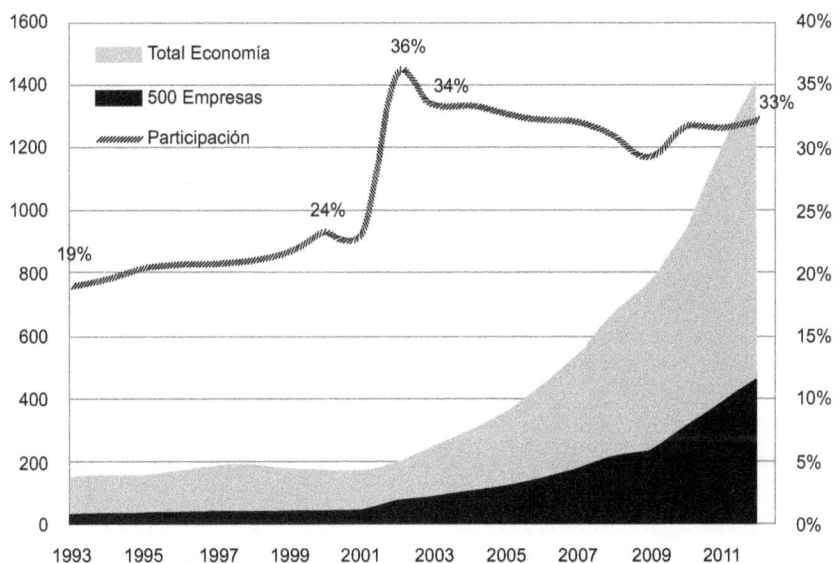

Nota metodológica: Los datos para el total de la economía no incluyen el sector agropecuario y financiero, de modo de volverlos comparables con la ENGE.
Fuente: Elaboración propia en base a la ENGE-INDEC y la Dirección Nacional de Cuentas Nacionales (INDEC).

En lo que se refiere a la configuración sectorial dentro de la cúpula del capital, con un tipo de cambio real en un nivel superior, una rápida reactivación del aparato productivo, recuperación del empleo, y posibilidades de colocación de los productos tanto en el mercado interno como en el externo –con fuerte demanda de los productos que vende la región–, aparecen algunos cambios. En términos de participación promedio, en el período 2002-2012, las firmas dedicadas a las actividades extractivas (particularmente, Minas y Canteras) y producción de alimentos toman mayor peso, mientras que retroceden las empresas dedicadas a la provisión de servicios (Cuadro 2).

Por otra parte, en las economías latinoamericanas, el origen del capital es un aspecto relevante para el análisis de las empresas líderes. Los capitales transnacionales que operan en estos países son, generalmente, más avanzados tecnológicamente que los domésticos, por lo que predominan en la producción (Barrera & López, 2010; Gaggero et ál., 2014; Wainer & Belloni, 2015). En todas las ramas existe una elevada discrepancia entre la productividad del trabajo empleado en grandes capitales transnacionales *vis a vis* la existente en los de menor tamaño, por lo general del ámbito nacional (Marini, 1979a).

Cuadro 2. Valor agregado por sector económico. Promedio 1993-2001 y 2002-2012.

Sector económico	1993-2001	2002-2012
Minas y canteras	11%	21%
Industria manufacturera	48%	50%
Alimentos, bebidas y tabaco	16%	19%
Combustibles, químicos y plásticos	19%	18%
Maquinarias, equipos y vehículos	5%	4%
Resto industria	8%	9%
Electricidad, gas y agua	10%	5%
Comunicaciones	14%	9%
Resto actividades [1]	18%	15%
Total	100%	100%

(1) Incluye Construcción, Comercio, Transporte y Otros servicios.
Fuente: Elaboración propia en base a la Encuesta Nacional a Grandes Empresas (ENGE-INDEC).

Una revisión del fenómeno de extranjerización de la cúpula empresarial, permite analizar esta otra cara de la moneda. En el año 1991, entre las 100 empresas de mayores ventas, 28 son de capital foráneo con una participación del 24% de las ventas de la cúpula. Las ramas elegidas por las empresas transnacionales son Alimentos y Petróleo, principalmente. En 1998, el capital extranjero alcanza el 42,6% de las ventas, habiéndolas duplicado desde 1995. Asimismo, de las 900 operaciones de Fusiones y Adquisiciones registradas entre 1992 y 1999, el 87,6% correspondió a adquisiciones por parte de capitales extranjeros, lo que da una pauta de cómo esta fracción pasa a ubicarse en el centro de la escena (Kulfas, 2001).

En lo que se refiere al valor de producción, se observa un incremento pronunciado de la participación del capital foráneo durante la década del noventa. Según datos de la ENGE, en 1993 el capital extranjero detenta el 60% del valor, mientras que 10 años después dicho porcentaje se eleva hasta superar el 80%. El intervalo 2003-2012, no muestra cambios significativos aunque vale señalar que la extranjerización se detiene e incluso presenta una pequeña reversión (Gráfico 9).

Desde el punto de vista macroeconómico, las transformaciones que se evidencian durante los años en los que rige el Plan de Convertibilidad, junto con los efectos vinculados con la privatización de empresas públicas, aminoran o incluso revierten, según el momento que se analice, la salida neta de capitales al exterior (rasgo característico de la economía en la década de 1980). Tanto a partir de las privatizaciones como por la transferencia de propiedad de empresas privadas, durante los años noventa se produce una fuerte reestructuración en la economía argentina en general, y dentro del capital dominante en particular (E. M. Basualdo, 2000).

Gráfico 9. Participación en el valor de producción por origen de capital, nacional y extranjero. Años 1993-2012.

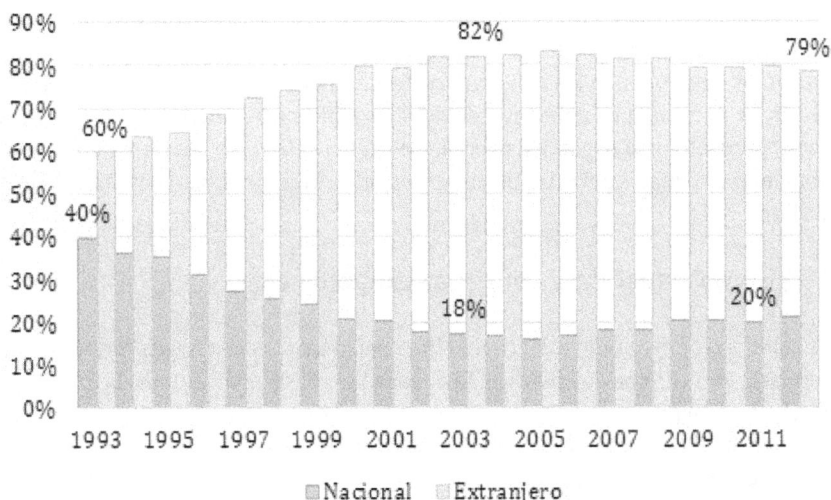

Nota: La definición de capital nacional permite que tenga hasta un 10% en acciones extranjeras.
Fuente: Elaboración propia según datos de la ENGE (INDEC).

Por otra parte, la evolución de la inversión en capital fijo permite evaluar otro aspecto de dicho proceso. El equipo durable es uno de sus componentes y, por definición, incluye a las maquinarias y equipos asociados directamente al proceso productivo y al transporte. En este rubro, el stock de capital foráneo crece de modo acelerado durante la década del noventa hasta representar la porción mayoritaria, para luego, estabilizarse en torno al 52%[55].

Adicionalmente, la dependencia del capital extranjero también se refleja en la estructura de importaciones, es decir, en el análisis de los bienes que se necesitan comprar en el exterior, y su rol dentro de la producción radicada en el ámbito nacional. En este sentido, en el período 1993-2012, la importación de bienes de capital (junto con sus piezas y accesorios) representa en promedio el 40% de las importaciones totales. Por su parte, Gigliani y Michelena (2013), en referencia al sector industrial, señalan que el incremento en la vulnerabilidad y la desintegración del entramado productivo se da hasta nuestros días. Entre otros elementos, los autores mencionan la creciente necesidad de importar "insumos" (bienes de capital, piezas e insumos

_____

55 Fuente: Elaboración propia en base a datos de la Dirección Nacional de Cuentas Nacionales-INDEC.
Nota: La serie de stock de capital se encuentra discontinuada desde 2007.

intermedios), verificada en la comparación de este valor con el producto bruto industrial: en el año 2008 se alcanza un máximo cercano al 70%, frente al pico del 45% presentado en 1998.

En síntesis, la acelerada concentración del capital, particularmente durante la década del noventa ya que luego se estabiliza, da lugar a que unas pocas empresas sean las que imponen las condiciones de acumulación del conjunto del capital. Además, se presenta una condición de doble dependencia para poner en marcha el proceso productivo: la Argentina necesita de capital extranjero (en forma dineraria), y maquinaria y equipos del exterior, en particular, de las economías centrales (Wainer & Belloni, 2015).

III. Crisis, concentración y ganancias extraordinarias

La dimensión económica del capital líder o dominante de la Argentina, no puede divorciarse de su dimensión política. Si como se vio hasta aquí, durante la década de 1990 se vivió un proceso agudo de concentración y extranjerización, el programa de la Convertibilidad, puede ser leído como un instrumento impuesto por los sectores dominantes de Argentina, con el objetivo de consolidar la reestructuración iniciada en los años setenta. En este sentido, a diferencia de quienes enfatizan el fracaso económico del plan –que pensado en relación con las consecuencias sobre la clase trabajadora puede tener sentido–, el éxito se expresa en haber servido de mecanismo de alineamiento de todos los sectores del capital al proyecto hegemónico del gran capital transnacionalizado (Belloni & Wainer, 2013). La dimensión destructiva del proceso, resulta productiva en términos de que logra ordenar las acciones de las múltiples empresas que compiten en la Argentina, bajo la conducción estratégica del capital concentrado (Féliz, 2011, p. 79).

Una mayor incidencia sobre las decisiones productivas a nivel de sectores económicos implica una mejor posición para conducir el proceso de acumulación y, por tanto, mayores ganancias. Es así que la nueva situación de competencia generada a partir de la reestructuración neoliberal y su crisis, debería verse reflejada en las ganancias que detentan las principales empresas que operan en la Argentina.

La ganancia del capital surge de la venta de una porción de trabajo por la que no se ha pagado: el plusvalor. En palabras del propio Marx (2010).

Consiste precisamente en el excedente del valor mercantil por encima de su precio de costo, es decir en el excedente de la suma global de trabajo contenido en la mercancía por encima de la suma de trabajo remunerado contenido en ella. De este modo, el plusvalor, cualquiera que sea su origen, es un excedente por encima del capital global adelantado (p. 49).

En la formulación teórica, la tasa de ganancia (π) es resultado del cociente entre el plusvalor (pv) y el capital global[56] (C).

$$\pi = \frac{pv}{C} \quad (1)$$

Los distintos sectores de la economía tendrán diferentes tasas de ganancia, dadas por los distintos métodos de producción y la antigüedad de los mismos. Sin embargo, los precios de cada mercancía corresponderán a los que impongan los capitales que disponen del mejor método de producción posible, los capitales dominantes. Desde ya, en esta ecuación también cuentan las condiciones de explotación absoluta de la fuerza de trabajo (prolongación o intensificación de la jornada laboral), además de las ventajas de localización y disponibilidad de los bienes naturales, fertilidad del suelo, etc. (Shaikh, 2006).

El cálculo de la tasa de ganancia en un país y un momento del tiempo dado, suele generar polémica dado que no hay una única forma de obtenerla, más cuando la información que se publica en las estadísticas nacionales suele imponer los límites. No obstante, dada la utilidad de π para dar cuenta de las particularidades del ciclo del capital, se reinterpretan los datos para que pueda ser medida empíricamente. Hecha esta aclaración, una opción conceptualmente razonable a partir de la ENGE es la siguiente:

$$\pi^* = \frac{\text{Utilidad Neta}}{\text{VBP} - \text{Utilidad Neta}} \quad (2)$$

Donde, las ganancias serán expresadas por medio de las utilidades netas de las empresas, mientras que el valor bruto de producción (VBP) equivale al valor total de las mercancías producidas por las empresas relevadas.

De esta manera, podemos observar que en la primera década del siglo XXI, las ganancias de las 500 empresas de mayores ventas del país "pegan un salto" del 40% respecto a las existentes durante la Convertibilidad, lo que se visualiza a partir de una serie con dos niveles claramente diferenciados (línea continua de la gráfica 10).

Esta diferencia implica que las grandes empresas no financieras y no agropecuarias del país, obtuvieron ganancias considerablemente superiores[57].

---

56 El capital global estará integrado por el capital constante y el capital variable.

57 Un movimiento semejante de las ganancias de la cúpula del capital se presenta en un estudio realizado con la base de datos de 86 empresas cotizantes en la Bolsa de Buenos Aires. Allí se analiza la rentabilidad de los fondos propios, lo que en términos financieros se conoce como: *Return on Equity* (ROE). El ROE capta la rentabilidad del capital invertido y de las reservas, que en definitiva son beneficios retenidos por los dueños del capital (Barrera, 2012).

Gráfico 10. Tasa de ganancia en Grandes Empresas, tasa de variación anual del PBI y tasa de desocupación, en términos porcentuales. Argentina, años 1993-2012.

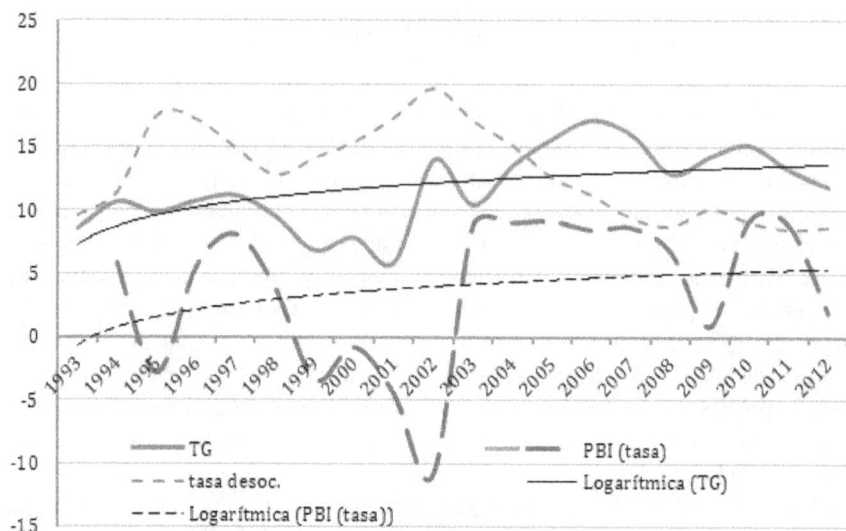

Fuente: Elaboración propia en base a la ENGE-INDEC y la Dirección Nacional de Cuentas Nacionales (INDEC).

Ahora bien, vale la pena detenerse en el análisis de la tasa de ganancia de las empresas que lideran el proceso de acumulación (TG) en relación con la dinámica del producto (PBI tasa)[58], dado que la primera podría aportar una explicación a esta última.

Durante los años noventa, la TG exhibe dos tramos bien diferenciados. El primero entre 1993-1998, con ganancias crecientes con una pausa durante el año 1995, debido a la llamada "Crisis del Tequila" que impacta en aquel año sobre la Argentina. La economía argentina presentaba algunos problemas económicos semejantes a la mexicana (déficit de balanza comercial y endeudamiento externo para financiar la demanda agregada), la crisis del país Azteca se trasladó e implicó una fuerte caída del nivel de reservas internacionales y de los depósitos del sistema financiero, debido a la huida de los capitales de corto plazo, también llamados "golondrina".

El segundo tramo exhibe los problemas del modelo de la Convertibilidad, con un descenso de ganancias a partir de 1998. Los años finales del plan económico exhiben

---

58 La tasa de PBI de cada año muestra si las riquezas que se producen en el país aumentan (la línea discontinua se encuentra por encima de cero), o decrecen respecto del año anterior (por debajo de cero).

Facundo Barrera Insua

una TG que desciende prácticamente a la mitad, pero que se mantiene positiva y por encima de los 5 puntos porcentuales, incluso en el peor momento de la crisis (año 2001). Por su parte, la serie de producto sigue una trayectoria semejante. El año 1995, interrumpe los años de crecimiento de la economía con un descenso del orden de los 3 puntos porcentuales, mientras que a partir de 1999 el producto vuelve a caer hasta el año 2002.

La diferencia en la volatilidad de las series, es decir, la diferencia en la amplitud de los movimientos de una y otra variable, se explica precisamente por las empresas englobadas en uno y otro indicador. La TG involucra solo a las empresas líderes: muchas de ellas transnacionales con financiamiento propio (no necesitan endeudarse), que no dependen del mercado interno y con menores riesgos a partir de una cartera de negocios diversificada. Estas condiciones hacen que dichas firmas no estén tan expuestas a los problemas que aquejan a la economía nacional. Por ejemplo, si se corta la cadena de pagos porque los bancos deciden suspender líneas de crédito, como sucedió durante la crisis mexicana, tendrán opciones de financiamiento interno a través de sus casas matrices, que les permitirán no discontinuar el proceso productivo.

Este resultado es novedoso para la economía argentina: las transformaciones estructurales de la década del noventa permiten a las grandes firmas independizarse del ciclo económico, con una evolución diferencial de la producción y rentabilidad (Basualdo, 2000).

Distinto es el escenario que grafica la tasa de PBI. Allí se encuentran todas las firmas de la economía. Las pequeñas empresas del país sí se ven afectadas por los avatares del ciclo, dado que no cuentan con las condiciones antes descriptas, con el agravante de contar con una estructura de costos superior (en términos relativos).

Luego, al incorporar la tasa de desocupación se puede observar que lleva una evolución prácticamente "en espejo" con respecto al PBI y toca "techos" históricos en 1995 y 2002, con porcentajes que rondan el 20%. Esto no representa una novedad, sólo verifica que durante estos años buena parte de los problemas del mercado de trabajo tienen solución a partir de la aceleración del producto.

Durante el primer lustro del siglo XXI, en particular entre 2003 y 2007, se origina el relanzamiento de la acumulación: constantes ascensos de la tasa de ganancia, tasas de crecimiento cercanas al 10%, y un quiebre en la tendencia de la desocupación que, sobre el final, cae por debajo de los dos dígitos. Dicho período, además del proceso de concentración ya comentado, se ve favorecido por la fuerte demanda internacional de los *commodities* que vende la Argentina (inflada por la demanda especulativa)[59] y una devaluación real de alrededor del 40% (reducción de costos unitarios de producción).

---

59 Tortul (2011) menciona que con el comienzo de la crisis se da un proceso conocido como "huida hacia la calidad", es decir la búsqueda de reaseguro por parte de los capitales financieros especulativos. Esto provoca que los capitales se retiren del país hacia inversiones más seguras, entre las que se encontraban los futuros de *commodities*, lo cual generó un incremento de sus precios.

Desde el punto de vista sectorial, en dicha etapa el crecimiento se acelera en los sectores productores de maquinaria e insumos (dentro de la industria manufacturera), y aquellos cuya actividad principal es la extracción/explotación de bienes naturales (minas y canteras), ambos con incrementos del valor de la producción por encima del crecimiento para el conjunto de los grandes capitales (Barrera & López, 2010). Si bien las características específicas de dicho modo de desarrollo se encuentran aún sujetas a debate, la coyuntura internacional asomaba favorable a un paradigma basado en el crecimiento liderado por exportaciones primarias, extractivas y sus derivados (Belloni & Wainer, 2012; López, 2015).

El segundo lustro (2008-2012) muestra un quiebre en la tendencia de las ganancias de las empresas dominantes, con registros anuales decrecientes aunque por encima de los mejores años de la década del noventa. En este tramo hay un desenvolvimiento más moderado del producto y la novedad de tasas de variación negativas[60].

En buena medida los cambios entre etapas al interior de la década pueden explicarse por características históricas del funcionamiento de la economía argentina: los bajos niveles de inversión, y los "cuellos de botella" en algunos eslabones de la industria nacional. Mientras que en los primeros años posteriores a la crisis el incremento de la rentabilidad se explica centralmente por la utilización de la capacidad instalada (Marshall, 2011), a partir de 2007 dado que el incremento de las ventas no se emparenta con la inversión reproductiva, los "cuellos de botella" en varios sectores limitan el crecimiento de las ganancias. Además, los incrementos de costos, tanto salariales como de insumos importados, comprimen las rentabilidades de los diferentes sectores, sumado al impacto de la crisis internacional sobre las exportaciones de bienes (Arceo, González, Mendizábal & Basualdo, 2010; Tortul, 2011).

IV. Ganancia y salarios en las empresas líderes, una aproximación a la distribución (funcional) de ingresos

La dinámica de acumulación se encuentra íntimamente relacionada con la distribución del ingreso. Los modelos de acumulación presentan diferentes patrones distributivos, moldeados por la necesidad de valorización y la forma concreta en la que operan los procesos materiales de producción (Féliz, López & Alvarez Hayes, 2009).

En este sentido, resulta relevante la forma en que se distribuye la riqueza generada en las economías dependientes. En primer lugar, el crecimiento de la producción no implica necesariamente un crecimiento de los salarios y el consumo popular. La lógica del capital en los países dependientes hace que pueda darse una estructura de la demanda final, donde el peso de la exportación de mercancías y del consumo de

---

60 Según datos del INDEC, durante el primer período se observa una tasa de crecimiento trimestral promedio de 2,28%, mientras que desde 2008 hasta 2012, la tasa cae al 1,23%.

Facundo Barrera Insua

los sectores dominantes, supera a la participación en el consumo de los trabajadores (Marini, 1979b). Por lo tanto, podría conformarse un patrón de reproducción del capital[61] con un reducido poder de compra de los salarios y aun así contener tasas de ganancia que permitan la reproducción del capital.

El patrón de demanda final comentado es el que se presenta en Argentina durante la década de 1990. En aquellos años, la producción de mercancías para el consumo de los sectores dominantes, es decir producción de bienes suntuarios, toma un lugar central. Luego, con la crisis y posterior salida devaluatoria, la demanda final se reconfigura a favor de las exportaciones netas[62] y un incremento en la inversión bruta interna fija. En cuanto a esta última, cabe aclarar que los mayores niveles de inversión, se sostienen a partir de la construcción residencial, que representa una parte de la inversión que no mejora la capacidad productiva ni la valorización futura del capital (Barrera & López, 2010).

En este tiempo, la distribución de ganancias y salarios ha seguido trayectorias acordes con el patrón mencionado y con la situación exhibida mediante tasa de ganancia. La relación entre utilidades recibidas por la cúpula del capital y los montos destinados al pago de salarios, ambos tomados en términos corrientes y anualmente, puede presentarse como una aproximación a la distribución funcional de ingresos[63], apropiados por empresarios y trabajadores en las 500 empresas más grandes del país. En este caso, la aproximación se realiza mediante un cociente entre utilidades y salarios: si el valor del cociente aumenta (crece la participación de las utilidades respecto de los salarios), significa que los capitalistas se están apropiando de una porción mayor de los ingresos generados, y a la inversa.

La distribución sigue una trayectoria semejante a la exhibida en la tasa de ganancia[64], por lo que, más allá de los movimientos de corto plazo ya comentados, aquí tiene sentido repensarlos en términos del origen y la apropiación de ingresos de cada clase social. En ese sentido, el salto de nivel de la serie entre etapas (línea continua), muestra que en la primera década del siglo XXI el patrón de acumulación reditúa en mayores ganancias que la década previa a los dueños de las empresas líderes del país (y como veremos en adelante, a la gran parte de las empresas del país) (Gráfico 11). Esto podría sonar como un contrasentido ante el mejoramiento de las condiciones de vida de los trabajadores que también se da en la etapa. Sin embargo, durante el lapso

---

61 En palabras de Osorio (2014), un patrón de reproducción de capital se puede definir como el camino específico que, en espacios geoeconómicos y momentos históricos determinados, el capital ha trazado (descubierto) para reproducirse y valorizarse, y que tiende a repetirse en sus procesos fundamentales.

62 En el año 2003, con un mercado interno deprimido, la participación de las exportaciones netas en el producto (diferencia entre exportaciones e importaciones) llega a representar el 11%, descendiendo hasta el 4,3% en 2007.

63 La distribución funcional examina qué parte del ingreso nacional es apropiado por el trabajo y qué parte por el capital.

64 De hecho, si se vuelve a la ecuación (2) del capítulo se verá la relación entre los cálculos.

2003-2007, mientras los salarios se incrementan a razón del 25% anual promedio (período aún con bajas tasas de inflación), las utilidades lo hacen a razón del 35%.

Gráfico 11. Distribución funcional de ingreso (utilidad y salarios) e Índice de productividad en Grandes Empresas. Años 1993-2012.

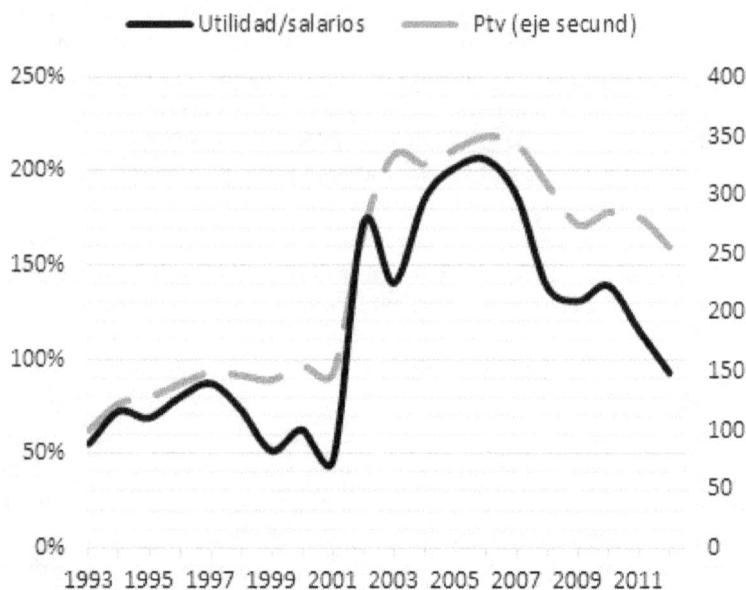

Fuente: Elaboración propia sobre la base de datos de la ENGE, INDEC.

Un elemento que permite explicar el vuelco a favor de las utilidades durante la etapa post-Convertibilidad, es la productividad laboral. La productividad, medida como el valor bruto de producción (VBP) por trabajador, permite reducir el costo medio de producción (no explicado por cambios en los costos relativos de los factores de la producción)[65]. Esto significa que cuando la productividad aumenta, básicamente, es porque una misma dotación de trabajadores incrementa el valor de producción, y junto con él, las utilidades empresarias.

Por lo tanto, estando todo lo demás constante (o dándose incrementos en la productividad que logren aumentar las utilidades por encima de los ajustes salariales), aumentos en la productividad del trabajo logran explicar una distribución del ingreso

---

65 El VBP se expresa en precios constantes de 2002. Para una explicación sobre las precauciones que deben tomarse al estudiar dicho indicador, puede consultarse Fernández Massi & Barrera Insua (2014).

crecientemente favorable al capital. El gráfico 11 exhibe el índice de productividad con una tendencia creciente durante los años noventa, un salto donde triplica su valor inicial durante los años 2002 y 2003 –en buena medida explicado por el ajuste del tipo de cambio y la capacidad ociosa–, para luego sostenerse en aquel nivel hasta 2007, y comenzar a caer.

Durante la etapa 2003-2012, el empleo en las empresas de mayores ventas crece de manera ininterrumpida a un promedio anual del 5%. Por tanto, la desaceleración del VBP a partir del año 2007 –y por momentos caídas, como en 2009–, explica el tramo final del movimiento en productividad.

Reflexiones finales

El proceso de concentración del capital es un resultado de la competencia capitalista, y la historia económica de la Argentina muestra que este país no es la excepción. Sin embargo, durante la última década del siglo pasado, dicho fenómeno se acelera y consolida una estructura productiva donde los capitales dominantes de la Argentina, las 500 firmas de mayores ventas del país (menos del 1% del total de empresas), explican una tercera parte del valor agregado generado en la economía.

Estudiar el desenvolvimiento del gran capital implica reconocer que dichas firmas detentan una posición privilegiada en el proceso de competencia e innovación. Todo capital individual se esfuerza por desplazar a sus competidores. Sin embargo, siendo la tecnología la principal arma en la batalla por el mercado, quienes tengan los métodos de producción más eficientes, tendrán una estructura de costos inferior, márgenes de ganancia superiores, al menos transitoriamente, y por tanto, una mejor posición competitiva.

La evolución de la tasa de ganancia de los capitales líderes a partir de la etapa post Convertibilidad, exhibe un "salto" en las posibilidades de apropiación de rentas. En estas condiciones, se produce un intenso relanzamiento del proceso de acumulación que se manifiesta en "tasas chinas" de crecimiento de producto. Así, la tasa de ganancia permite entender tanto el período de fuerte crecimiento, como el posterior aquietamiento y las mayores tensiones, que veremos luego, a partir de 2008.

En términos distributivos, el primer lustro resulta en un desmejoramiento de la situación de los trabajadores (incluso a pesar del aumento de los salarios reales). Esta realidad se ve favorecida por el notable incremento de la productividad durante los primeros años. Recién a partir de 2008, coincidente con el quinquenio de ralentización del crecimiento del producto, hay una reversión favorable a los trabajadores empleados en las empresas líderes del país.

En la batalla de todos contra todos, se ha visto que no es igual si los capitales son grandes o pequeños. La "ley del único precio" establece que para una misma mercancía, es decir en un mismo sector económico, existirá un único valor mercantil al cual todas las empresas venderán. No obstante, son los *capitales reguladores*, quienes detentan los métodos de producción más modernos e introducen innovaciones para recortar sus costos, los que están en condiciones de fijar el precio y, por tanto, el margen de ganancia. Éstos devienen en rectores del proceso de acumulación en cada uno de los sectores económicos donde se desenvuelven. De allí que el análisis de las condiciones de acumulación de dichos capitales haya permitido arrojar luz sobre las características de la acumulación a nivel sectorial, que comenzamos a estudiar a partir del próximo capítulo.

Asimismo, el desenvolvimiento de los capitales dominantes en cada rama de actividad, impone una dinámica tendiente a diferenciar niveles y tasas de variación de los salarios. Una mayor presencia de grandes empresas, en un sector determinado, permitirá contar con una dotación tecnológica más avanzada y, consecuentemente, con menores costos unitarios de producción. En este escenario, dichas empresas, tienen mayor espacio para negociar ante los reclamos de aumento salarial, sin poner en riesgo su propio funcionamiento.

Dado el salto de nivel en la tasa de ganancia, las crecientes utilidades en relación a salarios, y las notables ganancias de productividad (todas dinámicas relacionadas), podría aventurarse que los capitalistas como clase poseen mayores posibilidades de ceder a las demandas de incrementos salariales durante los años dos mil, respecto de la última década del siglo XX.

En el próximo capítulo, nos adentramos específicamente en las características de la acumulación a nivel sectorial. Específicamente, los márgenes superiores al incremento salarial a nivel de ramas de la economía. Dichas condiciones, permitirán comenzar a vislumbrar uno de los límites relevantes en la inequidad de los ingresos laborales entre sectores económicos de la Argentina.

CAPÍTULO 5 /

La desigualdad salarial, un límite superior vinculado a las condiciones de acumulación a nivel sectorial

"Cuántos días, cuántas veces
llevará aprender
que no puede ver
que siempre quieres mas
solo ambición
solo más poder".
"La semilla". Las Pelotas

Introducción

Al interior de cada sector, las firmas son parte de un proceso de rivalidad y de una incesante disputa por desplazar a sus competidores y sobrevivir. La condición primordial para el éxito en tal labor, tiene que ver con la reducción de los costos unitarios de producción, con objeto de disminuir el precio y ganar participación de mercado –al menos momentáneamente–. Es la innovación, asociada principalmente con la inversión en capital fijo y la reorganización de los procesos productivos, la principal arma utilizada en dicha disputa.

La utilización de métodos de producción de diferentes edades en cualquier industria, establece un abanico de tasas de ganancias que se recrea permanentemente con la dinámica de la acumulación de capital. Por tanto, la tasa de ganancia en cada sector es un promedio de los resultados que deja la pulsión por adquirir una porción de mercado y suplantar a sus competidores en el conjunto de la economía (Shaikh, 1980).

El presente capítulo estudia la desigualdad en tasas de ganancia y la estructura productiva sectorial como paso previo para comprender un aspecto de la desigualdad en los salarios a nivel de los distintos sectores de la economía. Para ello, específicamente se analiza la dinámica del capital a nivel sectorial, donde se construye el límite superior efectivo al incremento salarial, con variables involucradas de manera directa como la tasa de ganancia y la proporción de capital fijo sobre variable, y otras de manera indirecta, como el cambio tecnológico, la extensión de la jornada y/o la intensidad productiva de la fuerza de trabajo, o el tamaño de las firmas ya analizado.

Como podremos estudiar en detalle, la tasa de ganancia sectorial es central para explicar los movimientos en el límite superior, dado que la composición orgánica del capital –en otras palabras la relación entre capital y trabajo– no cambia sustancialmente en el corto plazo. Sectores económicos con un mayor crecimiento de la masa de ganancias, *ceteris paribus*, desplazarán el límite superior hacia arriba, por lo que existirán mayores posibilidades de otorgar incrementos salariales. En el caso inverso, donde el ritmo medio de los salarios crece por encima, la restricción estará más cerca de hacerse efectiva, lo que podría afectar las condiciones de acumulación del capital sectorial.

En el apartado siguiente, a partir de los aspectos relacionados con la competencia capitalista y la dinámica de la rentabilidad, se construye y analiza la tasa de ganancia a nivel de cada sector, para luego avanzar en el análisis empírico del caso argentino. Finalmente, al incorporar información sobre las características sectoriales del proceso de producción, se avanza en la construcción y análisis de los límites superiores.

I. ¿Qué es la tasa de ganancia y cómo se calcula para la Argentina?

Desde los economistas clásicos, la dinámica del capital entre sectores es un tema de reflexión. Pensadores como Adam Smith y David Ricardo, asumen por detrás de los movimientos del capital, un punto de llegada en la igualación de las tasas de ganancia (TG). El alza o la baja de los precios por sector, tendrá consecuencias sobre el nivel de los beneficios, lo que estimula al capital a invertir en un caso, o a retirarse de la industria, en el otro. A consecuencia de dichos movimientos, impulsados por el "deseo incesante" de la clase capitalista, de abandonar un negocio poco provechoso por otro más ventajoso, se impone la tendencia a igualar los beneficios de todas las inversiones o a fijarlos en una proporción que compense la ventaja o desventaja que una u otra pueda acarrear (Ricardo, 2007).

A partir de los aportes de Karl Marx, la interpretación teórica de la competencia intersectorial cambia en dos sentidos no desdeñables: primero, se enfatiza el principio de rivalidad y disputa por el mercado que involucra la competencia; segundo, la igualación de tasas es entendida en términos procesuales, siendo una tendencia que varía en torno a un nivel general pero sin alcanzarse un punto de equilibrio[66].

---

66 Pueden volver a estudiarse estos elementos conceptuales que se discuten en el capítulo 3.

Facundo Barrera Insua

El debate teórico toma luego, distintas formas en la manera en que se expresa en números. ¿Cuál es la mejor forma de explorar la rentabilidad empresarial? La corriente económica *mainstream* tiene vigente este mismo debate, donde el llamado *"return on capital"* (ROC), empleado por neoclásicos y neoricardianos, es una expresión cercana a la de la tasa de ganancia (Dachevsky & Kornblihtt, 2011). Sin embargo, probablemente la expresión más utilizada sea la del *mark up*, una forma de cálculo de un margen de ganancia sobre los costos, que abstrae el capital que fue necesario para iniciar el proceso de valorización. Este indicador no suele ser bueno dado que la inversión o gasto que realiza el capitalista, "como regla no coincide con los costos de producción" (Valenzuela Feijóo, 2009, citado en Dachevsky & Kornblihtt, 2011). Por tanto, si se acepta que es relevante una medida que vincule el capital adelantado con las ganancias que esto genera, se debe avanzar hacia otro indicador.

La acumulación de capital puede ser estudiada a partir del indicador de la TG. Además de lo mencionado, el concepto permite dar cuenta de las relaciones sociales de producción que involucra el proceso de valorización.

El capital, como relación social dominante, puede describirse como un ciclo compuesto por tres momentos (circulación-producción-nueva circulación) que tiene por objeto su propia valorización, es decir, lograr que el dinero resultante sea mayor al que se utilizó al comienzo.

La distribución del producto social, la dinámica del empleo de la fuerza de trabajo y hasta las relaciones del hombre con la naturaleza tienden a estar direccionadas por dicha lógica y, por tanto, ligados a su "deber ser", que no es más que la generación de un excedente económico (plusvalor), a través de la apropiación privada de una porción del valor socialmente generado.

El punto de partida del ciclo (D-M), bajo una dinámica de reproducción ampliada, es el desembolso de capital en su forma dinero (D inicial) para la compra de las mercancías necesarias a utilizarse en el proceso productivo (M), entre las cuales se destacan las materias primas, los medios de producción y la fuerza de trabajo.

El proceso de producción (M-...P...-M'), segundo momento del ciclo, tiene como resultado nuevas mercancías (M'), productos destinados a su comercialización. Estas mercancías generan un valor social total integrado por el capital variable (V), el capital constante circulante (CC) y el plusvalor (S). En este sentido, el trabajo vivo no sólo genera una porción de valor suficiente para cubrir los costos de las materias primas y la depreciación de las maquinarias, sino que genera un nuevo valor que se distribuirá entre el pago a la fuerza de trabajo y el plusvalor. De esta manera, es en el proceso de producción donde se generan las relaciones sociales clave que el capital impone y, por tanto, donde se produce la valorización (la generación de S).

El tercer y último momento del ciclo, se caracteriza por una nueva etapa de circulación que está asociada a la venta del valor generado en el proceso de producción (expresado en la forma mercancía) a cambio de capital en su forma dineraria (D').

La realización del valor generado en el proceso productivo y la capacidad de acumulación en un espacio de valor específico, pueden observarse a partir de variables vinculadas con la esfera de la circulación, en la tercera fase del ciclo.

Resulta útil indagar en la *tasa general de ganancia*, más allá de qué suceda con los capitales individuales, como indicador de la salud de la economía (π). Marx (2010) la define como el cociente entre el plusvalor (S) y el capital total adelantado para la producción (K). Es decir se plantea analizar la relación del valor de la fuerza de trabajo impaga, versus los ítems que el capital paga –por adelantado– en el proceso productivo: el capital constante, vinculado a la maquinaria e insumos productivos, y variable, relativo al pago por la fuerza de trabajo.

De esta forma, el capital total estará integrado por el capital constante, es decir la masa de capital invertido en medios de producción e insumos (C), y el capital variable (V), que refiere a la masa de capital destinado a la compra de fuerza de trabajo.

De manera algebraica, la tasa de ganancia puede expresarse como:

$$\pi = \frac{S}{K} = \frac{S}{(C+V)} \quad (1),$$

donde π=tasa de ganancias, S= plusvalor, C=capital constante, y V=capital variable.

Las categorías propuestas por Marx en *El Capital* para analizar el proceso por el cual se produce y reproduce el ciclo descripto, son un punto de partida pero luego deben ser confrontadas con las cuentas que proveen los sistemas nacionales de estadística. Las Cuentas Nacionales no son teóricamente neutrales por lo que su redefinición, en términos de una perspectiva centrada en la teoría del valor y la explotación de Marx, debe guardar un lugar relevante (ver Anexo Metodológico)[67].

En dicho marco de posibilidades, la tasa de ganancia se expresa como sigue:

$$r = \frac{S}{K} = \frac{Mg}{(kf+Ms+CI)} \quad (2),$$

donde *r*=tasa de ganancia, *Mg*=masa de ganancias, *kf*=stock de capital, *Ms*=masa de salarios y *CI*=compras intermedias.

Esta propuesta de medición de la tasa general de ganancia para el conjunto de las empresas y ramas de actividad, presenta notables similitudes con la que realiza Iñigo Carrera (1996).

Por último, si bien pueden encontrarse movimientos coincidentes con los observados en el capítulo previo para los capitales líderes de la Argentina, tanto por la definición conceptual (distintas variables y empresas involucradas) como por las fuentes de datos utilizadas, las TG no pueden ser comparadas.

---

67 Aquí no se trata de discutir si la medición se adecua más o menos a los planteos realizados por Marx en *El Capital* sino de dar cuenta de las ventajas y límites de la relectura empírica para comprender el movimiento de la acumulación de capital. A los efectos de no volver engorrosa la lectura, la reinterpretación de las cuentas y consideraciones metodológicas específicas, han sido incorporadas en el Anexo Metodológico del capítulo.

Facundo Barrera Insua

II. La tasa general de ganancia en Argentina (1993-2012)

La resolución de la crisis de la Convertibilidad por medio de la salida devaluatoria del peso, trajo aparejada una fuerte desvalorización de las mercancías producidas localmente. Entre otras repercusiones, la depreciación incluye la caída del valor de la fuerza de trabajo (una mano de obra más barata), que crea una relación más favorable para el capital. Es decir, luego de la crisis que lleva la tasa general de ganancia a su menor valor (18,1% en 2002), la nueva paridad cambiaria con un peso más barato o un dólar más caro, implica menores costos y, por tanto, mejores condiciones para el capital. Así se da comienzo a la fase ascendente del ciclo.

La dinámica de la TG durante los años 2003-2012 lleva una tendencia creciente, con interregnos en los años 2006 y 2009. A partir de 2007 se alcanza y supera el valor máximo de la Convertibilidad (23,9% en 1997), mientras que el punto más alto del período analizado aparece en 2011 con un 27,8% (Gráfico 12).

Como resulta lógico, al igual que lo que sucedía con la TG de los capitales líderes, las ganancias de la primera década del siglo XXI (2003-2012), en promedio, son más altas que las del cierre del siglo anterior.

Gráfico 12. Tasa de ganancia en porcentaje del capital invertido. Argentina 1993-2012.

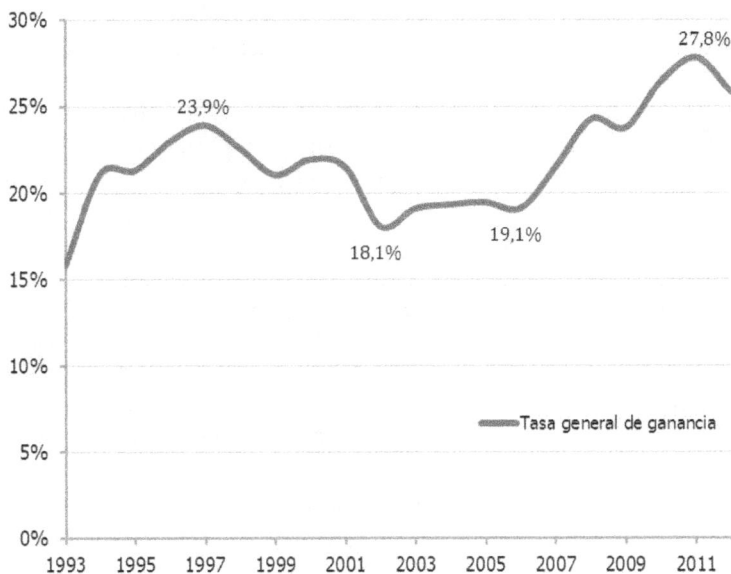

Fuente: Elaboración propia en base a datos de DNCN-INDEC y MECON.

El año 2006 representa un cambio en el comportamiento de la variable. La serie exhibe un subperíodo caracterizado por una pendiente moderada entre los años 2003-2006; mientras que el segundo, años 2007-2012, se destaca por el incremento de dicha pendiente.

El primer subperíodo (2003-2006) se destaca por el ascenso en el rendimiento del capital fijo por unidad de producto, lo que en buena medida se asocia con el progreso de utilización de capacidad ociosa resultante de la crisis económica, y el abrupto descenso del costo laboral, como se mencionó, provocado por la elevación del tipo de cambio. Además, crece la demanda internacional de los *commodities* que vende la Argentina, tanto por el incremento de precios como por el aumento de las cantidades transadas producto de las compras de China con origen en la región. De esta forma, especialmente los sectores exportadores vinculados a la explotación de bienes naturales, se ven favorecidos por las condiciones locales e internacionales. Entre los de mayores ventajas aparecen la minería, el mercado hidrocarburífero, el sector agropecuario y algunas industrias, como la agroindustria y las terminales automotrices (Martín Schorr, Manzanelli & Basualdo, 2012).

El segundo subperíodo (2007-2012) está marcado por una desaceleración de la relación producto neto y el stock de capital en una economía que llega a elevados niveles de utilización de la capacidad instalada. Se entra en una etapa donde la producción ya no puede seguir creciendo en base a la aceleración del ritmo productivo con las máquinas existentes, sino que se requiere de nuevas inversiones. Como consecuencia, se desacelera la actividad económica en general, y con ella la absorción de mano de obra, y de manera más pronunciada en el sector productor de bienes, que era el que más había crecido a inicios de la década (CENDA, 2009).

Los años de crecimiento moderado de la tasa de ganancia son coherentes con años de recuperación de los ingresos medios reales de los ocupados[68], al tiempo que crece en 5 puntos porcentuales la participación de los sectores populares en la masa de ingresos totales (llega a representar el 28,9%). Esto significa que están perdiendo participación en "la torta" las ganancias empresariales.

A partir de 2007, año distintivo en cuanto a que da inicio al período con tasas de inflación anuales que rondan el 25%, y hasta 2012, los ingresos medios reales crecen a un ritmo menor (15,5%), y la participación de la masa de ingresos de las clases trabajadoras en el PBI se estanca en el 28,7% (Rameri, Haimovich, Straschnoy & Pacífico, 2013).

Sólo aparecen descensos en la tasa de ganancia en 2009 y 2012, años de estancamiento relativo en la economía argentina.

No abundamos aquí en comentarios adicionales dado que muchos otros elementos han sido mencionados en relación con la descripción de la macroeconomía del

---

68 Según EPH, los ingresos reales crecen más de un 45% entre 2003 y 2006.

Facundo Barrera Insua

período (Capítulo I), y la dinámica de los capitales líderes (Capítulo 4). En su lugar, tiene sentido adentrarse en las dinámicas diferenciales que aparecen en cada uno de los sectores económicos, y que tratamos a continuación.

III. La persistencia de la desigualdad en la tasa de ganancias inter-rama

La tasa general de ganancia es producto de lo que sucede en cada uno de los sectores integrantes de la economía, y si bien puede analizarse la economía como un todo, los cambios a nivel local e internacional tienen distinto impacto según cuál sea el sector de que se trate.

Asimismo, sin negar la tendencia a la igualación de la tasa de ganancia, puede esperarse que con la permanente recreación de desigualdades del ciclo de innovación y un análisis de corto plazo, aparezcan disparidades sectoriales. Además, dichas diferencias son expresión de la disímil concentración del capital a nivel sectorial, la diferente composición orgánica (relación K/L), y el mercado de destino del producto, entre otros factores.

Por tanto, más allá de las variaciones de la tasa general, interesa aquí analizar cómo se ha movido sectorialmente. La principal dificultad radica en la construcción de una serie de stock de capital desagregado por rama de actividad hasta el año 2012, dado que la serie no ha sido publicada por ningún organismo público. No obstante, vale la pena avanzar en el análisis sectorial, a pesar de recurrir a ciertas hipótesis, dada la riqueza analítica que brinda el reconocimiento de las particularidades sectoriales[69]. Aunque suene a verdad de "Perogrullo", cabe enfatizar que: la tasa general de ganancia da cuenta del movimiento conjunto del capital que *tiende a compensar* las tasas de ganancia sectoriales en torno a un promedio por lo que *puede disimular* los procesos particulares; así, la tasa de ganancia promedio no permite completar una idea sobre la actualidad de los capitales que operan en un espacio nacional, y puede ocultar el carácter turbulento y desigual que se expresa en la rivalidad de los capitales individuales. Si bien el análisis por medio de ramas aún deja variados elementos por fuera, admite fenómenos diferenciales según las tendencias económicas (y políticas) que priman en uno u otro sector.

A continuación se presentan las especificaciones correspondientes a la medición sectorial. Primeramente, se parte de la ecuación (2) con valores que surgen a nivel de cada uno de los sectores analizados. De esta manera, la tasa de ganancia sectorial se escribe como sigue:

---

69 Para ver los aspectos específicos acerca de la construcción de la serie de stock de capital a nivel sectorial, dirigirse al Anexo Metodológico del presente capítulo.

$$r_i = \frac{P_i}{K_i} = \frac{Mgi}{kfi+Msi+CIi} \qquad (3)$$

Donde r_i: Tasa de ganancia en el sector i, Pi: Masa de ganancias realizada anualmente en el sector i, K_i: Capital adelantado en el sector i.

La apertura sectorial de la tasa de ganancia se realiza en base a los grandes sectores publicados por el INDEC. Así, se obtiene la información perteneciente a las siguientes ramas de la economía: i) Agricultura, ganadería, caza, silvicultura y pesca; ii) Explotación de minas y canteras; iii) Industria manufacturera; iv) Suministro de electricidad, gas y agua; v) Construcción; vi) Transporte, almacenamiento y comunicaciones.

En la primera aproximación que tenemos a tasas de ganancia sectoriales, al mirar lo que sucede entre décadas, dos elementos se destacan por sobre los demás: el primero es que hay un cambio en los niveles de tasas, donde algunos sectores pegan un "salto" respecto del período previo; el segundo es que se acrecientan las diferencias entre sectores (Gráfico 13).

Gráfico 13. Tasas de ganancia por sectores económicos en Argentina. Promedio por etapa. Años 1993-2012.

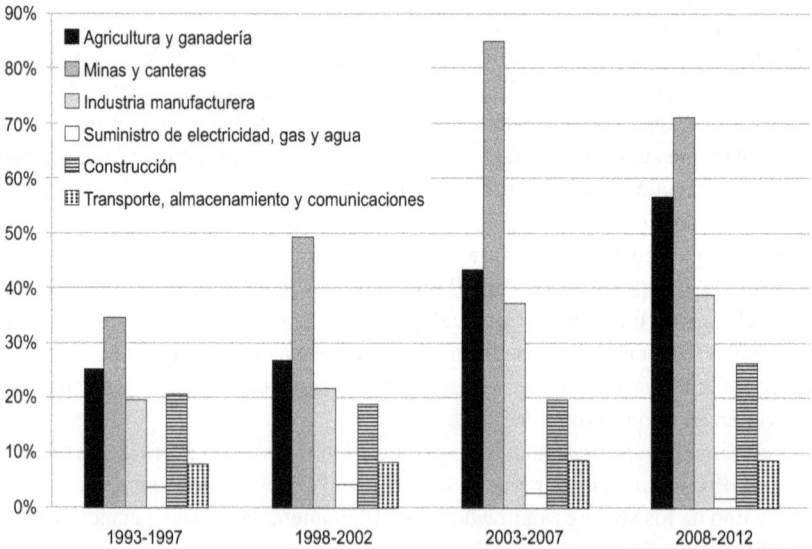

Fuente: Elaboración propia sobre la base de Cuentas Nacionales (INDEC), MIP (INDEC) y Coremberg (2009).

En lo que se refiere al primer punto, cabe señalar que los cambios que aparecen como un "salto de nivel" entre una y otra etapa, son explicados por lo que ocurre en tres sectores: aquellos de base extractiva y la industria, dado que el resto permanece en

Facundo Barrera Insua

valores próximos a los registrados en los años noventa. Si se observa lo que sucede con las ganancias en los años de consolidación de una y otra etapa, 1993-1998 y 2003-2008, se destaca la variación porcentual en el incremento de las tasas promedio de estas ramas. La Minería se separa del resto con un incremento del 150%, mientras que la magnitud de crecimiento de tasas en el sector agropecuario y la industria, en los primeros años de la etapa post-neoliberal es muy similar (78% y 90%, respectivamente). Dicha paridad puede entenderse a partir de dos razones: a) Hasta 2008, la bonanza del "campo" se encuentra explicada parcialmente por la devaluación de costos internos –entre los que están algunos insumos y salarios–, y la realización de la producción en dólares, dado que la incorporación de paquetes tecnológicos de semillas e insumos agrícolas incrementa la dependencia de los productores respecto de empresas transnacionales que venden los insumos en dólares (Teubal, 2006)[70]. Asimismo, el efecto precio de los *commodities* recién comienza a percibirse a partir de 2007 (Palmieri & Noguera, 2015)[71]; b) en la industria, los salarios tienen un peso proporcional mayor, y los años 2003-2008, son años de salarios bajos medidos en dólares.

A pesar del salto en el nivel, el ordenamiento de los porcentuales de ganancia persiste. Es decir, por un lado, la figura muestra ramas que han mantenido tasas de ganancia más elevadas en los cuatro sub-períodos seleccionados, aquellas ligadas a las actividades primarias de base agraria o extractiva (Agricultura, ganadería, caza silvicultura y pesca; Minas y Canteras). Por el otro, "Suministro de electricidad, gas y agua" y "Transporte, almacenamiento y comunicaciones", permanecen con los registros más bajos. Sólo hay un cambio en la ubicación: tomada de mayor a menor, la Industria pasa del cuarto lugar durante la Convertibilidad, al tercero con la etapa que se abre a principios de 2000.

En cuanto al segundo punto, en la etapa post-neoliberal las diferencias se acentúan, siendo los extremos, máximo y mínimo, "Minas y Canteras" y "Suministro de electricidad, gas y agua", respectivamente. Un tratamiento especial hay que realizar en torno a este último sector, también nombrado como de "servicios públicos". La particularidad se da en relación a que el stock de capital involucra la denominada infraestructura básica[72], por lo que al ser dicha magnitud la más importante de la serie[73], repercute a la baja en la tasa de ganancia de la rama.

---

70 En el caso paradigmático de la producción de soja en la Argentina, tanto la semilla *RR* como el glifosato *Roundup* son desarrollados por la empresa Monsanto. Luego, la distribución de la semilla se transfiere a su licenciataria Asgrow, que a su vez es adquirida por Nidera, empresa con origen en los Países Bajos.

71 Al mismo tiempo, entre 2008 y 2009, se produce un salto en el tipo de cambio nominal que se había mantenido en torno a los $3 desde el año 2002. En concreto, la devaluación lleva a 3,73 pesos por dólar, valor que en 2008 se encontraba en $ 3,16, es decir una depreciación de la moneda del 20%.

72 La infraestructura básica comprende la infraestructura de transporte, telecomunicaciones, servicios públicos locales de abastecimiento de agua, gas y electricidad, así como la recolección de basuras y las infraestructuras hidráulicas (Jaén-García & Piedra-Muñoz, 2012)

73 La participación promedio del stock de capital en los años 1993-2012, ponderada por la participación promedio del valor agregado sectorial para idéntico período es la más baja entre los sectores seleccionados.

Otra manera de comparar la evolución de las tasas es mediante la presentación de las series expresadas en números índices[74].

Nuevamente, se observa una dinámica económica que agudiza las diferencias (Gráfico 14). A la luz de lo que acontece en el período que se abre con la salida de la Convertibilidad, durante los años noventa las distancias parecen no ser abultadas. Sin embargo, no deben entenderse como procesos inconexos. Las políticas imperantes en aquellos años admiten ser leídas como elementos integrantes de una estrategia para la reestructuración de las relaciones sociales a favor del capital, y que luego se expresa en mayores beneficios.

En este sentido, la crisis de la Convertibilidad puede ser entendida como producto del éxito de los sectores dominantes para avanzar en la reestructuración de la sociedad (inserción en el ciclo internacional y profundización del perfil extractivo, por caso), junto a su fracaso político en dominar por completo la organización popular (es decir, para eliminar la contradicción del seno de la sociedad) (Féliz, 2011). De allí que se puedan apreciar sectores económicos que salen beneficiados de la etapa neoliberal, para luego afianzarse de acuerdo a las condiciones económicas de los años dos mil.

Gráfico 14. Tasa de ganancia por sectores económicos en Argentina. Números índices 1993=100. Años 1993-2012.

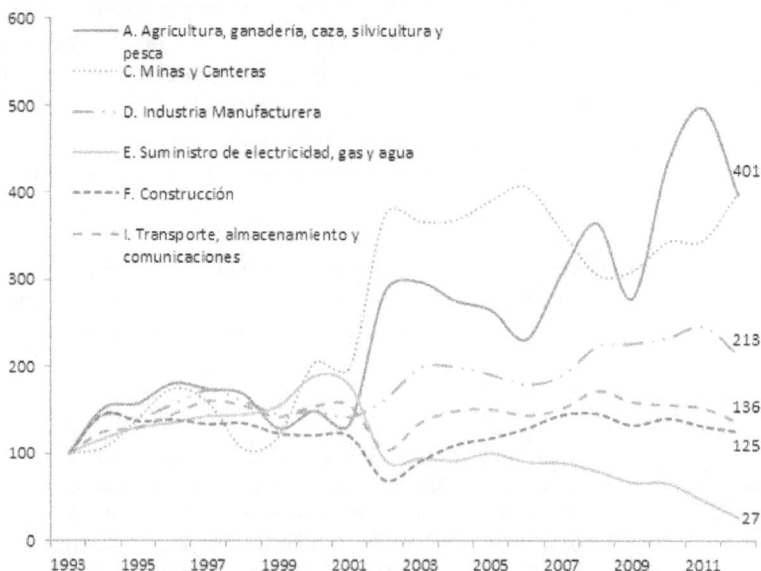

Fuente: Elaboración propia sobre la base de Cuentas Nacionales (INDEC), MIP (INDEC) y Coremberg (2009).

---

74 Un número índice es una medida estadística que permite estudiar fluctuaciones de una (o más) magnitud(es) en relación al tiempo o al espacio. Al comparar la evolución del sector consigo mismo, e igualar el momento de partida, se logra analizar las diferencias en trayectoria más allá de los valores iniciales.

Facundo Barrera Insua

Entre los sectores beneficiarios encontramos los vinculados a la explotación de bienes naturales: "Agricultura, ganadería, caza, silvicultura y pesca", y "Minas y Canteras". El agrupamiento de dichos sectores dado su comportamiento diferencial en tasas sectoriales de ganancia, sustenta empíricamente la caracterización de un patrón de reproducción del capital guiado por la explotación de recursos naturales que se expande hacia territorios antes improductivos, donde el entramado productivo de los distintos países permanece escasamente diversificado y sumamente dependiente de la inserción internacional como proveedores de materias primas (López & Vértiz, 2015; Svampa, 2011). Dicho patrón se integra por actividades extractivas clásicas, entre las que se encuentra la actividad minera y de hidrocarburos, como las nuevas formas de producción agrícola, basadas en el monocultivo de exportación –agronegocios y biocombustibles–[75]. Otra expresión de las abultadas ganancias sectoriales, se aprecia a través del destino del capital que ingresa, orientado principalmente a la explotación de actividades primarias, extractivas y de manufacturas agropecuarias (López & Vértiz, 2012).

El sector agropecuario en la Argentina ha sido tema de estudios desde siempre. Los cálculos de tasas de ganancia anual del capital agrario e industrial desde 1887 hasta nuestros días, permiten ver una clara preeminencia de las ganancias del agro a lo largo de la historia económica de la Argentina (Iñigo Carrera, 2008). La hegemonía de la burguesía terrateniente en el país, desde el inicio estableció reglas de acceso al suelo que dieron lugar al predominio de la gran propiedad y moldearon el tipo de inserción internacional. Esta forma de producción posibilitó implementar un sistema de explotación perfectamente adaptado al objetivo de maximizar rápidamente la tasa de renta internacional y transformar una porción importante de ella en renta del suelo (Arceo, 2003).

A su vez, lecturas clásicas como la de Marcelo Diamand, señalaban que las ganancias están explicadas por una alta productividad, que permite trabajar a precios internacionales y exportar[76]. Las ventajas de productividad existentes partían de las prósperas condiciones naturales, que colocaban al capital aplicado al sector agrario en óptimas condiciones para competir internacionalmente (Diamand, 1972).

Por otra parte, la renta es definida como la diferencia entre el precio de producción en la economía local –que incluye el costo y la ganancia media del capital– y el precio a nivel mundial, y posibilitada por la existencia de distintas condiciones naturales.

---

75 Resulta pertinente aclarar que las ganancias extraordinarias que se producen en el marco del patrón de reproducción del extractivismo exportador, no implican una apropiación puramente sectorial, sino que viabilizan que se valorice el conjunto del capital que opera en el ámbito nacional (Féliz& López, 2010).

76 Diamand (1972) señala para la Argentina la existencia de una *estructura productiva desequilibrada* (EPD) compuesta de dos sectores de niveles de productividad diferentes: un sector primario con las características mencionadas, versus un sector industrial de una productividad mucho más baja, que trabaja a precios sustancialmente superiores a los internacionales, y destina su producción fundamentalmente al mercado interno.

Ahora bien, este planteo supone la igualación de tasas de ganancia y de salarios reales a nivel mundial, pero hay significativas diferencias de niveles salariales entre países, que pueden conducir a la obtención de una masa de ganancias extraordinarias en los países de menores salarios (Rodríguez & Arceo, 2006).

De todos modos, la particularidad del período en torno a las ganancias del "campo" es que la brecha se amplía de manera notable a partir de los años noventa. En adición al contexto de ventajas estructurales, el modelo de agricultura industrial adquiere una bonanza particular cuando se libera el mercado de la soja transgénica a mediados de los noventa, al ser potenciado por los desarrollos tecnológicos de la siembra directa y la semilla RR, resistente al glifosato (Teubal, 2006). Al mismo tiempo, la devaluación de la moneda en el año 2002, provoca una modificación sustancial de la magnitud de la renta agraria, que quintuplica los valores registrados en el período de la Convertibilidad (Iñigo Carrera, 2008; Palmieri & Noguera, 2015; Rodríguez & Arceo, 2006). Por último, a las transformaciones de carácter productivo y un tipo de cambio más favorable, se añade el aumento sostenido de los precios internacionales que implicó incrementos del 149% en trigo, 185% en maíz y 178% en soja, durante el período 2003-2012 (Palmieri & Noguera, 2015).

De manera agregada, estos elementos logran explicar una situación de bonanza económica excepcional para el sector: el índice muestra que la tasa de ganancia se cuadriplica (hasta un 300% en 2012) respecto de los registros de 1993. Naturalmente, los cambios en la rentabilidad se vieron reflejados en el precio de la tierra, que crece sostenidamente. Además, impulsa transformaciones de carácter geográfico en el mapa productivo de la Argentina. Tierras que hasta los años noventa eran consideradas "marginales", pasaron a representar una oportunidad de negocio para grandes productores agropecuarios y fondos de inversión volcados al sector. En este sentido, Teubal (2006) marca que "la disputa por el control de la tierra hizo crecer los conflictos en el medio rural, lo cual se dio fundamentalmente –pero no exclusivamente– en regiones 'extrapampeanas', como Santiago del Estero, Salta, Chaco, Formosa y zonas de Córdoba" (p. 81).

Por otra parte, con la idea de capturar parte de las rentas extraordinarias y, al mismo tiempo, desvincular los precios internos de los externos en alimentos exportables, entre marzo y noviembre de 2007, el gobierno aumenta las retenciones a la soja, al trigo y al maíz (35%, 28% y 25%, respectivamente), las que desde 2002, se encontraban en el 20%. La utilidad principal de las retenciones, como instrumento de política económica, es que establece tipos de cambio diferenciales: mantiene un tipo de cambio alto para la industria, lo que la protege (dificulta la importación y favorece la exportación); y uno bajo para el sector más productivo, como es el agro. De esta manera se favorece la competitividad de toda la producción nacional, ya que el crecimiento del sector industrial requiere de divisas que no es capaz de generar, las que provienen del sector agropecuario a partir de los derechos de exportación.

Facundo Barrera Insua

Por último, la evolución del índice de ganancia para el sector demuestra, refrendado con el marcado ascenso del precio de la tierra durante el período, demuestra que el establecimiento de las retenciones limitó la rentabilidad pero no significó un descenso de las ganancias del capital agrario pampeano. Los productores y propietarios vieron crecer, hasta la irrupción de la crisis internacional en 2009, tanto sus ingresos como el valor de sus patrimonios.

El segundo sector claramente beneficiado es el minero. La minería en la Argentina se basa principalmente en la producción y comercialización de oro. De esta manera, la performance sobresaliente de la tasa de ganancia puede explicarse, principalmente, por el gran incremento en los precios internacionales que triplican el margen precio-costo en el corto período 2008-2011 (Palmieri, 2012). Además, las ganancias de las empresas mineras crecen durante los mismos años por la caída en la captación de renta por parte del Estado (de 34% a 24%). Esto se debe a que se acrecientan los emprendimientos mineros con menos de 5 años de duración, exentos del pago del impuesto a las ganancias.

En un paneo temporal más amplio, en el año 1993 son tan sólo 13 las empresas mineras que se ubican entre las 500 de mayores ventas del país, mientras que en 2012, ese número se eleva a 40, siendo la participación sectorial que más crece en la serie[77].

En el grupo de los sectores menos beneficiados por el patrón de reproducción del capital, aparece "Suministro de electricidad, gas y agua", y en menor medida, "Construcción" y "Transporte". En ambos hay importante incidencia del sector público lo que los ubica en un complejo económico estatal-privado, con actividades desarrolladas por empresas públicas, privadas y mixtas que operan en las ramas. Según Castellani (2004), el sector de la construcción y el de servicios públicos pertenecen a dicho complejo, mientras que de contemplarse una característica específica de la etapa más reciente como son las transferencias del Estado en concepto de subsidios, podría añadirse el transporte[78].

La trayectoria de la evolución de tasa de ganancia sectorial más disonante se observa en los servicios públicos. Esto no es una novedad con posterioridad a 2003. Durante la Convertibilidad (1993-2001), el sector de las llamadas empresas de servicios públicos aumenta sus ganancias e, incluso, el incremento de la tasa se acelera sobre el final, cuando el modelo comenzaba a crujir. Lo que parece una rareza puede explicarse con la próspera historia de las empresas privatizadas (relevantes dentro de los servicios públicos), durante la etapa. Azpiazu & Schorr (2003) señalan que

> *...contaron, a diferencia del resto de los agentes económicos que actúan a nivel*
> *local, con un seguro de cambio que les permitió quedar a cubierto de cualquier tipo*

---

77 Encuesta Nacional a Grandes Empresas, 2012, INDEC.

78 Castellani llama complejo económico estatal-privado al "conjunto de actividades desarrolladas por empresas públicas, privadas y mixtas que operan en las ramas más dinámicas de la industria, en el sector petrolero, en la construcción de obras públicas y en algunos servicios clave como la electricidad, la provisión de gas y las comunicaciones" (Castellani, 2004, p. 194).

de contingencia en la política cambiaria. Más precisamente, sus ingresos estuvieron dolarizados. Por otro lado, a partir de una interpretación ad hoc de las disposiciones de la Ley de Convertibilidad, fueron ajustando sus tarifas de acuerdo con la evolución de índices de precios de los EE.UU., que, como privilegio adicional, crecieron holgadamente por encima de sus similares en el ámbito doméstico (p. 35).

Esto explica el desacople de la evolución de la tasa de ganancia sectorial durante aquella etapa.

En el período post-neoliberal la particularidad del sector pasa a estar vinculada con la política de congelamiento de las tarifas, que busca establecer un ancla nominal de precios y evitar que buena parte del costo del servicio lo paguen los usuarios (Peirano, Tavosnanska & Goldstein, 2010). De manera complementaria, el Estado subsidia a los sectores que tienen fijo el precio de sus mercancías, y garantiza márgenes de ganancia para las empresas prestadoras-proveedoras de estos servicios[79]. Las transferencias se concentran en el sector energético (gas, electricidad y agua), y en la etapa de aceleración de la inflación, pasan de representar algo más de medio punto del producto en 2006, a ubicarse en el 3% del PBI en 2012 (Lombardi, Mongan, Puig & Salim, 2014).

Sin embargo, para las empresas del sector dicha política significa una desmejora relativa con respecto al resto del capital. En primer lugar, porque el nivel de ganancias garantido opera bajo el margen que el Estado se dispone a avalar. En segundo lugar, porque las firmas que operan en las restantes ramas de la economía, reciben una transferencia indirecta que eleva su piso de rentabilidad (Bona, 2012). De esta forma, se estructura un esquema en el que las empresas proveedoras de servicios públicos son las únicas (en términos agregados de sector) que perciben menos beneficios que durante los años noventa.

Para finalizar el análisis sectorial, con trayectorias similares y una performance un 30% superior en 2012 que a principios del régimen de Convertibilidad, se encuentran los sectores "Transporte, almacenamiento y comunicaciones" y "Construcción".

El sector de transporte se subdivide en personas y bienes. En cuanto al transporte de personas, durante la etapa post-neoliberal registra una fuerte concentración, mientras opera con tarifas que compiten por debajo de los costos operativos (Batalla & Villadeamigo, 2005). De allí que, al menos en parte, se repita el esquema de tarifas congeladas-subsidios en las empresas dedicadas al transporte de pasajeros (colectivo, tren y avión)[80]. Además, los subsidios vuelven a ser significativos para las firmas del sector: entre 2001 y 2009 van en aumento hasta representar, tomadas de conjuntos, el 50% de los ingresos de las empresas de ómnibus y el 75% de las de trenes urbanos.

---

79 En el año 2011, los subsidios llegan a representar el 60% de los ingresos de las empresas de generación eléctrica y el 70% de las empresas de Agua AYSA (Bona, 2012).

80 Entre los años 2005-2012, las mayores transferencias se destinan al Fondo Fiduciario del Sistema Integrado de Transporte (subsidia el gasoil de los micros y colectivos), seguido por los recursos destinados a concesionarias de trenes y subtes (circunscriptos al área metropolitana de Buenos Aires). En tercer lugar, se encuentran los subsidios a Aerolíneas Argentinas, y cierra en orden de importancia el Ferrocarril General Belgrano (Bona, 2012).

Facundo Barrera Insua

Aunque no afectado por el congelamiento de tarifas, el transporte de carga no se encuentra libre de problemas. Durante los años 2003-2012, la performance de dicho segmento fue dispar: el automotor crece fuertemente a costa del ferrocarril (Barbero & Bertranou, 2014).

De esta manera, los subsidios para el sector pueden ser leídos como una expresión de que la actividad no posee una rentabilidad adecuada en todo el espectro de unidades de producción. La concentración es también un síntoma: sólo las empresas más competitivas, con una estructura de costos menor, logran mantenerse en actividad y se fortalecen al incorporar al negocio lo que dejan las menos competitivas. Entre los elementos a mencionar como explicativos de esta situación están: las variaciones en costos de peajes, el incremento del precio del combustible y la renovación del parque para cumplir con las normativas oficiales.

Por último, la tasa de ganancia en construcción se mueve de manera similar a la de transportes. La definición sectorial es amplia y abarca desde los proveedores de insumos o sub-bloque de la construcción, los colegios profesionales de ingeniería y arquitectos, las empresas constructoras, asociaciones gremiales afines y los trabajadores constructores (Ruggierello, 2011). Luego de que la rama experimentara una modesta performance durante los últimos años de vigencia de la Convertibilidad, con el cambio de régimen macroeconómico y la modificación en los precios relativos, se manifiesta un notable crecimiento. Según CEPAL, durante los años 2003-2012, el valor agregado de la construcción prácticamente duplica su participación en el producto, lo que significa modificar su participación en la actividad general del 3% a más del 5%. Por otro lado, los costos crecen en una magnitud proporcional al producto hasta el año 2006, pero a partir de allí comienzan a aumentar a un ritmo mayor (Ruggierello, 2011).

La construcción es un sector de alta heterogeneidad donde conviven tres sistemas productivos: el tradicional, dominante en nuestro país; la construcción semi-industrializada, combinada con etapas tradicionales e incorporación de partes pre-fabricadas y componentes compatibles; y más recientemente, la industrialización liviana de viviendas basada en productos no tradicionales y producción seriada en planta (Panaia, 2004). A esta "variabilidad interna", ligada a la diversidad de técnicas y formas de organización, se suma una variabilidad "externa", producto de las diversas formas de propiedad de la tierra y características del producto (Panaia, 1999).

Por lo tanto, mientras el movimiento del producto y de los costos sectoriales explica la evolución de la tasa de ganancias, las características específicas en relación a las heterogeneidades del sector (expresadas en un abanico de tasas de ganancia donde conviven emprendimientos con altos y bajos márgenes), permitirían explicar el nivel de la serie.

III.I. La tasa de ganancia industrial como expresión de la tasa general

La industria es un sector de tradicional análisis en los aspectos vinculados con los salarios y el empleo, especialmente si se trata de incorporar elementos vinculados con la actividad sindical en el análisis, tal como se hará en un capítulo siguiente. Además, la industria gana peso porque los cambios anuales en su tasa de ganancia (1993-2012), aproximan razonablemente bien lo que sucede con la tasa general; especialmente, si se exceptúa el período 2002-2004, influido fuertemente por el reacomodamiento de precios relativos que se da a *posteriori* de la devaluación[81].

En ese breve interregno se produce un incremento en el nivel de las ganancias de la industria respecto del comportamiento general de la economía, que se mantiene durante los años siguientes. Así, aparece la principal diferencia en el comportamiento de las tasas entre la etapa neoliberal y post-neoliberal: en los años recientes los capitales industriales perciben mejores condiciones para valorizarse (Gráfico 15).

Gráfico 15. Tasa general de ganancia y tasa de ganancia en la Industria en Argentina. Números índices 1993=100. Años 1993-2012.

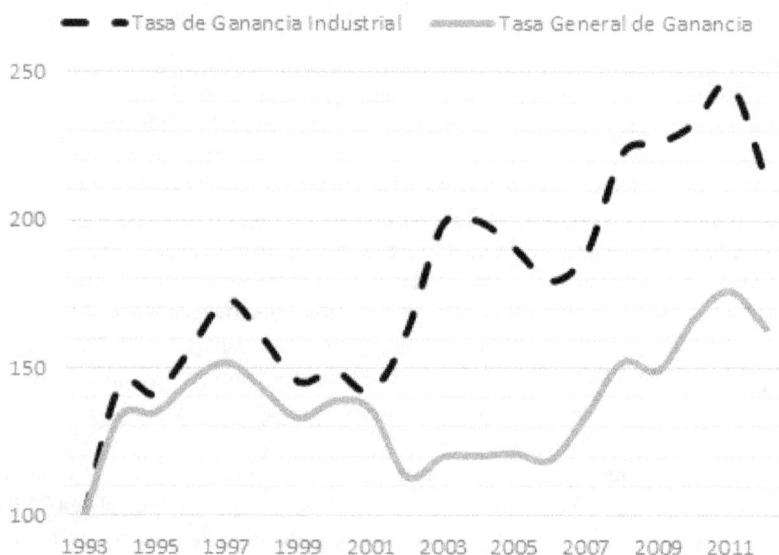

Fuente: Elaboración propia sobre la base de Cuentas Nacionales (INDEC), MIP (INDEC) y Coremberg (2009).

Los cambios en los márgenes de ganancia se explican por diferentes razones, más en un sector que presenta muchas heterogeneidades por las numerosas actividades productivas que involucra. Sin embargo, la devaluación monetaria reúne varios elementos que tienden a favorecer al conjunto de las actividades. Primero, incrementa los niveles de protección efectiva de la rama, es decir dificulta la entrada de productos importados sustitutos y facilita la producción y su venta. Segundo, tal como se señaló previamente, la devaluación disminuye los salarios reales sectoriales (recién en el año 2005 logran

---

81 Si no se contempla el lapso 2002-2004, las series presentan una elevada correlación positiva (0.76).

Facundo Barrera Insua

recuperar los valores de 2001), y esto redujo el costo laboral alrededor de un 40% en aquellos años[82]. Tercero y último, la devaluación termina con años de elevada prima de riesgo cambiario, por lo que reduce de manera significativa el costo financiero real. Durante los años 2003-2007, con un crecimiento del producto industrial por encima del de la economía, parecía haber un cambio en las ramas que conducían esa alza. Mientras que durante los noventa, se favorecen ramas que usufructúan las ventajas naturales (petróleo y alimentos, madera), o las que gozan de protección especial (automotriz y químicos), en el comienzo de la primera década de 2000, la protección y los bajos costos salariales pasan a ser determinantes (Maquinaria y equipos; Textil, Cuero y el calzado; Papel e imprenta, y Productos minerales no metálicos) (Santarcángelo, Fal & Pinazo, 2011).

Sin embargo, el impulso inicial no se sostuvo como para alterar de manera sustancial la distribución del producto y el empleo al mirar los 10 años de la etapa. En empleo cabe mencionar a Maquinaria y Equipo que incrementa la participación de los trabajadores, y Alimentos que pierde participación, pero la estructura se sostiene incólume. En cuanto al producto industrial, mucho más concentrado que el empleo, se ven cambios en el incremento de la participación de Metales comunes, y la caída de productos de petróleo, pero nuevamente, sin transformaciones de fondo (Gráfico 16).

Gráfico 16. Participación en el empleo registrado y el producto industrial. Año 2003 y 2012.

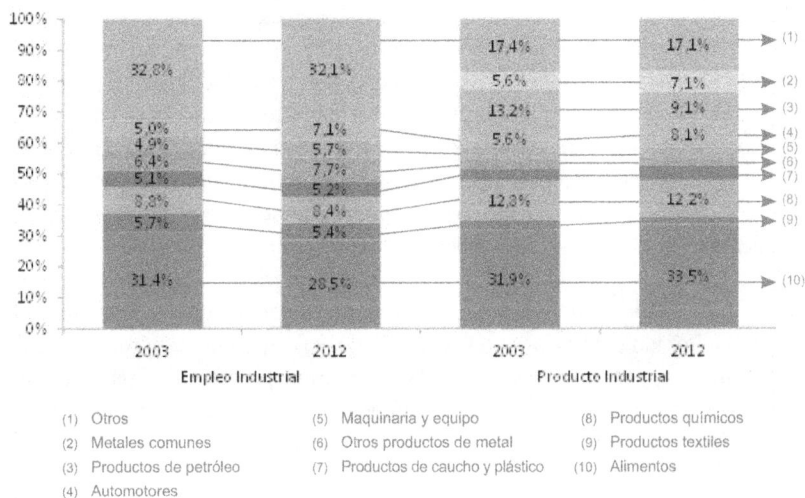

(1)	Otros	(5)	Maquinaria y equipo	(8)	Productos químicos
(2)	Metales comunes	(6)	Otros productos de metal	(9)	Productos textiles
(3)	Productos de petróleo	(7)	Productos de caucho y plástico	(10)	Alimentos
(4)	Automotores				

Fuente: Fernández Massi & Barrera Insua (2014).

---

82 Fuente: Índice del salario real de la industria manufacturera, construido a partir de datos del Censo Nacional Económico 2004 y la Encuesta Industrial Mensual del INDEC.

Por lo tanto, el impulso inicial del desarrollo de actividades históricamente relegadas, no modificó sustancialmente la relación entre los distintos eslabonamientos productivos al interior del entramado industrial. La industria como sector deja de perder participación relativa en el producto total como lo hizo durante los 30 años previos, pero la configuración sectorial no se modifica de un modo significativo (Fernández Bugna & Porta, 2007).

La productividad laboral del sector es otra variable relevante para explicar la trayectoria en tasa de ganancia. Distintas medidas pueden registrar la productividad del trabajo. Una de las más utilizadas es el producto por trabajador: un incremento del producto sin variaciones de la planta de trabajadores, significa un aumento de productividad.

El principal riesgo es que aumenten la cantidad de horas trabajadas (extensión de la jornada laboral) y el producto de la rama con una misma dotación de trabajo, y se interprete como aumentos en la productividad. Para ello es conveniente trabajar también con la productividad por hora trabajada[83].

Durante la década 2003-2012, el aumento de productividad encarna aumentos de la producción mayores a la ampliación de la cantidad de ocupados. Al comparar con la productividad hora se ve que sucede lo mismo, por lo que el aumento de productividad en el período tiene más que ver con la intensidad del trabajo (mejoras tecnológicas, cambios organizativos, mejor utilización de la capacidad instalada, etc.). En este período, la productividad del trabajo aumenta un 54%, mientras que los salarios reales de los obreros industriales lo hacen en un porcentaje mayor, 89%. Al respecto, hay para decir dos cosas. Lo primero es que con un crecimiento de los salarios reales por encima de la productividad, se vuelve factible que los ingresos de los trabajadores estén recuperando distancia respecto a los de los capitalistas. Por tanto, aunque pudiesen crecer las ganancias (porque la productividad no es la única variable en su cálculo), en este caso no lo hacen como lo muestra el período 2004-2006 de franca caída (ver Gráfico 15). Lo segundo tiene que ver con reponer la idea del "¿desde dónde partimos?". Marshall (2010) sostiene que para el conjunto de los capitales aplicados a la industria, si bien el costo salarial real aumenta más que la productividad, esta evolución parte del valor extremadamente bajo del salario en 2002-2003. Por tanto, al expresar el costo salarial real ajustado por productividad en números índices, y tomar el año 1997=100 (último año previo a la crisis económica), el año 2008 está por debajo del año de referencia (=82.8), que era ya inferior al de 1993 (=125). Dicha evidencia es coherente con una tasa de ganancia que a pesar

---

83 Empero, cabe señalar que aún sin incremento en las horas trabajadas, un aumento de productividad puede conseguirse con incrementos en la intensidad del trabajo, al eliminar tiempos muertos, o estimular un esfuerzo mayor por parte del trabajador. Este tipo de factores sólo pueden ser captados por estudios a nivel microeconómico, que aborden procesos productivos específicos, una fábrica y un sector determinados. Mayores debates teóricos y empíricos en torno a la medida, pueden encontrarse en Barrera Insua (2017).

de las oscilaciones de corto plazo, lleva una tendencia creciente durante las últimas dos décadas.

Al vincular índice de productividad y de salario real para la industria desde 1997 se pueden reconocer varias etapas en dicha relación. Empero, dado que la productividad mantiene una tendencia creciente con pendiente relativamente estable (es decir, el aumento de la productividad laboral no presenta fuertes alteraciones a pesar de la crisis económica y el cambio de período), las etapas propuestas responden a alteraciones en el movimiento de los salarios (Gráfico 17).

Gráfico 17. Índice de productividad y de salario real por obrero en el sector Industrial de Argentina. Años 1997-2012.

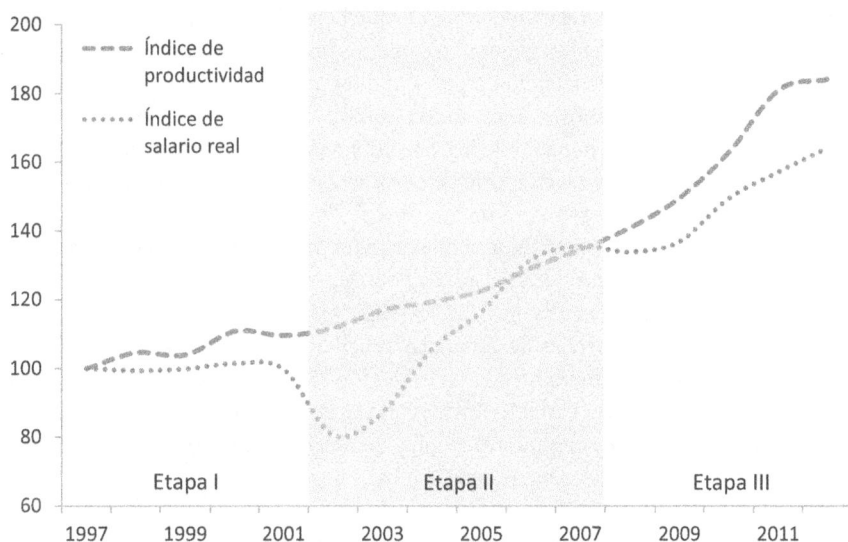

Fuente: Elaboración propia en base a CNE`04, EMI e IPC (INDEC), IPC-7 Provincias (CENDA) e IPC-9 Provincias (CIFRA).

Entre 1997-2002, la *Etapa I* muestra aumentos en productividad no acompañados por los salarios, lo que significa una distribución de ingresos más favorable al capital. Dado que los incrementos de la composición del capital fueron mayores a los aumentos de la brecha entre productividad y salarios, la tasa de ganancias cayó en estos años. Cabe señalar, que estos años están signados por la crisis que da fin al régimen de tipo de cambio fijo, lo cual requiere dos aclaraciones adicionales. Primero, los incrementos de productividad se deben a caídas en el empleo mayores que en el producto. Segundo, la reducción de las ventas tanto por vía de la caída del consumo como por la reducción de exportaciones, son parte de la crisis de rentabilidad a través de los problemas de realización del valor mediante la venta de las mercancías.

De esta manera, la caída en la tasa de ganancia se debe a la combinación de una composición del capital que crece más rápido que la redistribución de ingresos regresiva, por un lado, y un efecto acentuado de caída en las ventas internas y externas, por otro[84].

En la *Etapa II*, entre 2003-2007[85], la tasa de crecimiento del salario real es superior a la de la productividad (56% y 15% respectivamente), por una recomposición del salario nominal no contrarrestada con incrementos de precios. Es la única etapa de las tres estudiadas, en la que el salario real "le gana" a la productividad, que como se dijo es coincidente con la caída en la tasa de ganancia industrial.

Finalmente, la *Etapa III* que involucra el quinquenio 2008-2012, exhibe salarios reales que vuelven a crecer a un menor ritmo que la productividad (23% y 28%, respectivamente). La aceleración generalizada de los precios erosiona los incrementos del salario nominal. La producción crece y al mismo tiempo disminuye la incorporación de nuevos trabajadores. Incluso, en 2009 y 2010, cae el empleo industrial coincidentemente con el impacto de la crisis internacional. También, en esta última etapa, se acelera el ritmo devaluatorio que se eleva al 10% promedio, mientras que en la etapa anterior el registro era de tan sólo el 2%. Estos elementos, entre otros, favorecen un relanzamiento de la tasa de ganancia del sector que alcanza un nuevo nivel (respecto al de inicios de la década) y consigue un nuevo pico en 2011, cuando registra valores una vez y media más altos que los de comienzos de la década de 1990.

Las trayectorias sectoriales de ganancias son el eje central sobre el que giran las posibilidades de otorgar incrementos salariales, de allí su relevancia. En la próxima sección, vincularemos esta variable con las características productivas de cada sector, es decir, las dotaciones de capital y el empleo de fuerza de trabajo, para construir los límites superiores a los salarios de cada sector.

IV. El límite superior de los salarios: la dinámica del capital

Las diferencias exhibidas en condiciones de rentabilidad de cada rama, deben enlazarse con las características productivas, en particular la relación de capital y trabajo de cada sector, para poder preguntarse cómo dichas inequidades pueden dar cuenta de los límites máximos al incremento de salarios, entendidos aquellos como

---

84 En anexo metodológico se profundiza el debate sobre la implicancia de series de tasa de ganancia que no contemplan la rotación del capital. No obstante, es en períodos de crisis cuando los cambios en dicha variable, más podrían repercutir sobre la expresión empírica de tasa de ganancias.

85 El cambio de tendencia en la evolución del índice de salarios se da a partir de 2002.

incrementos que no cuestionan el normal desenvolvimiento del proceso de acumulación a nivel sectorial.

Para el cálculo del límite superior a la variación salarial[86] tomo la propuesta de Botwinick (1993), que puede escribirse como:

$$L_i^s = r_i * \frac{k_i^f}{N_i} \quad [4]$$

Donde,

L_i^s: es límite superior a los incrementos salariales en el sector.

r_i : tasa de ganancia en el sector i.

k_i^f: es el stock de capital fijo en el sector i.

N_i : es el nivel de empleo de fuerza de trabajo en el sector i[87].

La virtud del indicador está en que permite ajustar la tasa de ganancia de cada sector por la relación capital fijo-fuerza de trabajo, lo que da una idea de la escala de producción y de la intensidad relativa del capital fijo (y variable) en la producción. Este ajuste da lugar a una aproximación a las condiciones de producción y las disparidades de los ciclos de auge y recesión en cada rama.

En aquellos sectores relativamente intensivos en mano de obra, los límites para los incrementos de salarios sin afectar la rentabilidad empresarial serán menores, puesto que aún con un incremento moderado en los salarios, la rentabilidad es impactada por el significativo desembolso que implican esos aumentos dada la gran cantidad de trabajadores que emplean. Por el contrario, aquellas ramas con una elevada relación capital fijo-fuerza de trabajo, poseen un mayor desacople entre los incrementos de salarios y los medios de producción, por lo cual pueden soportar de manera rentable incrementos mayores en los salarios.

Para el caso argentino, en primer lugar, vemos que las ramas que poseen límites superiores más elevados, esto es, las que pueden soportar mayores incrementos de salarios sin comprometer su rentabilidad, no son sólo aquellas que detentan altas rentabilidades, sino también las de intensiva utilización del capital (menor número relativo de trabajadores). En los noventa el peso de las ganancias se observa en la rama de servicios públicos, mientras que en la década pasada lo expresan el sector minero y agropecuario. No obstante, a estos sectores se incorporan, tanto en una como en otra etapa, Transporte, almacenamiento y comunicaciones (Gráfico 18).

---

86 En adelante, al referir el límite superior, siempre lo hago en relación al efectivo. Empíricamente, el límite efectivo coincide con el teórico sólo en el caso que r_i es igual a la tasa de interés de largo plazo. Para más detalle puede dirigirse al capítulo teórico.

87 El nivel de empleo se mide en número de puestos de trabajo a nivel sectorial.

Gráfico 18. Límites superiores a los aumentos de salarios por sector. Argentina. Años 1993-2012.

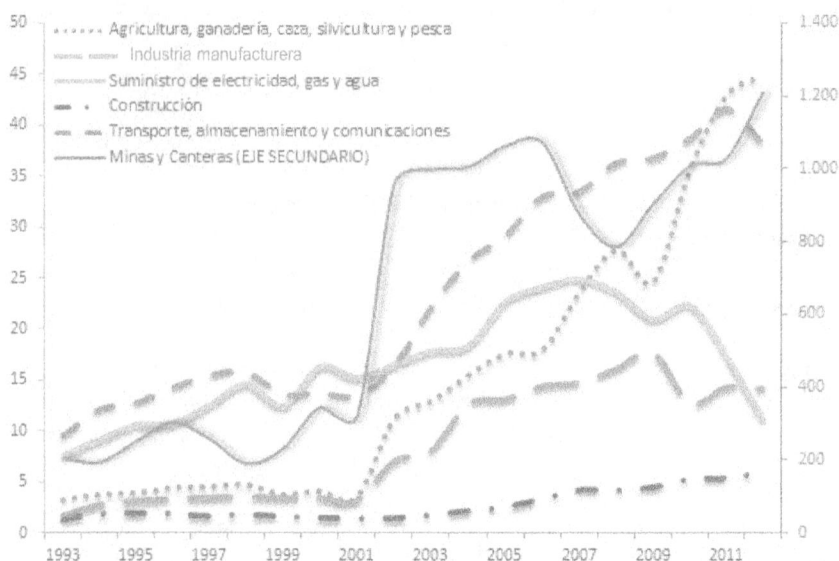

Fuente: Elaboración propia sobre la base de Cuentas Nacionales (INDEC), SIPA (INDEC), MIP (INDEC) y Coremberg (2009).

En segundo lugar, es notable el incremento del límite superior al aumento de salarios del sector minero. Durante la Convertibilidad, esta rama ya se encontraba en el grupo de sectores con mayores márgenes de maniobra, sin embargo luego de la devaluación del peso, vio incrementado su límite superior en un 200%, lo que se añade a niveles de por sí elevados en relación al resto de las ramas durante todo el período[88]. Por ende, además de las cuantiosas ganancias que obtienen las empresas mineras (ver tasa sectorial en los gráficos 13 y 14), a dicha actualidad se adiciona la característica productiva del sector, que presenta la más alta relación capital fijo-trabajo de la serie.

En tercer lugar, la dinámica virtuosa del sector agropecuario, ampliamente descripta en el apartado anterior, consigue que su límite superior se ubique en el segundo lugar en el año 2012 (detrás de la Minería).

---

88 La diferencia en relación al nivel del límite superior de la Minería, hizo que en la representación gráfica fuera necesario incorporar un eje secundario con una escala diferente.

Facundo Barrera Insua

En cuarto lugar, la posición que detenta el sector del Transporte, almacenamiento y comunicaciones a lo largo del lapso analizado, lo coloca en un lugar de privilegio. Durante prácticamente todo el período (excepto los años finales de ambas décadas), se ubica detrás de la minería sin importar la etapa de que se trate. Dicha evolución es explicada por la intensidad de utilización de capital en el sector (además del movimiento de su tasa de ganancia, claro está). La magnitud del stock de capital que se contabiliza (alrededor del 15% del stock de capital total a lo largo de toda la serie), subraya la elevada intensidad de uso del capital[89].

En quinto y último lugar, los sectores ligados a construcción e industria manufacturera muestran límites más estrechos a la variación salarial. Esto responde a que en conjunto, ambos son intensivos en demanda de trabajo, más allá de las heterogeneidades internas, en especial de la industria manufacturera. Por lo tanto, aún con un pequeño aumento de salarios, el impacto en masa salarial es sustantivo, y es más intenso el efecto sobre la rentabilidad empresarial. Vale destacar que a pesar de la característica mencionada, los límite superiores llegan a duplicarse en el caso de la Industria (retrocede en parte a partir de 2009), y a triplicarse para la Construcción, aunque siga encontrándose en el último lugar.

Una vez visto el desenvolvimiento de los límites superiores, tenemos que analizar su lugar en términos estructurales. Una posible forma de hacerlo es mediante valores que describan la posición de un determinado sector en relación al resto y a la etapa analizada. Estos valores permitirán saber si el sector i en el período x, está en mejores condiciones de otorgar incrementos salariales (cuando el límite superior es alto y se identifica con un signo positivo) o peores condiciones para hacerlo (cuando en límite superior es bajo que se identifica con un signo negativo).

Para ello, el Cuadro 3 resume los sectores de actividad con los valores promedio del límite superior de cada etapa (columnas A y B), la variación entre ellos o cuánto cambió (columna C), y los resultados (columnas D y E), que indican si los valores del límite se encuentran por encima o por debajo del valor mediano del límite superior a la variación salarial (fila F). El valor mediano del límite es la medida de tendencia central y referencia que surge de la computación de los límites de todos los sectores involucrados[90].

---

89 El stock del sector, básicamente "material de transporte", está integrado por vehículos de transporte de carga y pasajeros, automóviles y utilitarios utilizados en actividades productivas, y aeronaves, entre las principales categorías.

90 La mediana es una medida de posición central que posee la propiedad de tener el mismo número de marcas con valores menores que las que existen con valores mayores. Dado que el número de marcas (N), en este caso "Ramas", es par, por convención se toma como valor único de la mediana, la media aritmética de los datos centrales (Blalock, 1994). Se recomienda la utilización de la mediana, como medida de tendencia central, cuando se trabaja con series que presentan valores extremos, dado que se ve poco influida por éstos. Así, se evita el impacto que ejerce el límite superior de Minas y Canteras sobre el valor promedio.

Un ejemplo de dicho ejercicio puede plantearse siguiendo el caso de Agricultura: como el valor promedio del límite superior para la etapa 2003-2012 es 26,3, y este es mayor que 23,3 (valor mediano del límite para la etapa), el resultado es un signo positivo en la columna E. Es decir, el sector agropecuario en el período post-Convertibilidad tiene un límite superior alto, o dicho de otra forma, está en mejores condiciones de afrontar aumentos salariales.

Cuadro 3. Límite superior a la variación salarial por rama de actividad. Argentina. Años 1993-2012.

	(A)	(B)	(C)	(D)	(E)
Rama	Límite superior		Var. (%)	Resultado	
	1993-2002	2003-2012		1993-2002	2003-2012
Agricultura, ganadería, caza, silvicultura y pesca	4,7	26,3	460%	-	+
Minas y Canteras	325,5	994,6	206%	++	++
Industria Manufacturera	3,5	13,8	293%	-	-
Suministro de electricidad, gas y agua	12,5	20,3	62%	+	-
Construcción	1,6	3,9	140%	-	- -
Transporte, almacenamiento y comunicaciones	13,7	33,6	145%	+	+
(F) Valor mediano del límite	8,6	23,3	171%		
Desvío estándar	130	398	206%		
Desvío estándar (sin Minas y Canteras)	5,5	11,4	107%		
Total de la economía	12,4	30,5	147%		

Nota: La columna "Resultado" expresa la diferencia entre el valor del límite sectorial y el mediano.
Fuente: Elaboración propia sobre la base de Cuentas Nacionales (INDEC), SIPA (INDEC), MIP (INDEC) y Coremberg (2009).

La rama Minas y Canteras destaca por tener en cada período, holgados márgenes para el incremento de salarios, de hasta 40 veces superior al límite mediano (994,6 versus 23,3)[91]. Aun así, cabe señalar que entre un período y el otro dicho margen se duplica (206%), una variación no tan superior a la mediana (171%), e incluso no tan alejado del promedio de la economía (174%). Esto permite ver que la posición aventajada del sector comenzó a configurarse y se hizo realidad a partir de los años noventa.

El sector agropecuario y Suministro de electricidad, gas y agua, son los que aparecen con condiciones económicas más contrastantes. El primero por tener márgenes bajos en el primer período (4,7 versus el 8,6 del límite mediano), y luego casi quintuplicarlos (variación de 460%), siendo el cambio de situación más importante del cuadro. El segundo presenta la situación inversa, mientras que en los noventa

---

91 Al ubicarse en la primera posición, y en un sitio privilegiado, con condiciones varias decenas de veces mejor que las restantes ramas, se ha decidido representar el resultado mediante dos signos positivos (++). Lo contrario sucede con Construcción, que detenta el menor valor de la serie (seis veces más chico que el valor mediano del límite), y se lo denota con dos signos negativos (--).

Facundo Barrera Insua

presentaba un límite elevado (por encima tanto de la mediana como del promedio de la economía), en la etapa reciente sucede lo contrario.

A lo largo de toda la serie, Transporte, almacenamiento y comunicaciones presenta límites superiores por encima del valor mediano, por lo que podría pensarse en un sector acólito de las ramas con actividades de base extractiva, las que se encuentran insertas internacionalmente y que requieren de transporte no sólo a centros urbanos (ya que la producción se encuentra muchas veces alejada), sino también hacia los puertos.

En las ramas restantes, la dinámica del límite superior y su valor mediano muestra situaciones adversas, en relación con el otorgamiento de aumentos. Construcción e Industria Manufacturera son dos sectores que requieren de una elevada dotación de trabajadores, es decir intensivos en fuerza de trabajo. Sin embargo, la Construcción es por lejos la de menores márgenes, y tiene una baja performance durante todo el período, mientras que la Industria mejora su condición durante los años 2003-2012 (el límite se incrementa en un 293%).

Llegado este punto interesa traer a cuenta la estructura de salarios para el período 2003-2012, y contrastarlo con los resultados obtenidos en el límite. En el Cuadro 4 se recupera la columna de resultados (E) y se exhibe el vínculo entre el límite que registra las posibilidades efectivas de otorgar incrementos salariales y la situación salarial a través de los promedios de la etapa a nivel de cada sector.

La correspondencia entre los límites superiores y salarios altos se establece en 4 de los 6 sectores, siendo Agricultura y Suministros los únicos que presentan signos contrapuestos. Estos resultados parecerían apoyar lo señalado por Sylos-Labini (1974): en presencia de períodos donde se amplifican las posibilidades de otorgar aumentos salariales, tal como expresa el desenvolvimiento de los límites superiores, los reclamos salariales de los sindicatos encuentran menos resistencia por parte de las patronales, por lo que las posibilidades de éxito aumentan.

Cuadro 4. Límite superior efectivo a la variación salarial por rama de actividad y estructura salarial. Argentina. Años 2003-2012.

Rama	Límite superior efectivo	Estructura salarial
Agricultura, ganadería, caza, silvicultura y pesca	+	Salario bajo
Minas y Canteras	++	Salario alto
Industria Manufacturera	-	Salario bajo
Suministro de electricidad, gas y agua	-	Salario alto
Construcción	-	Salario bajo
Transporte, almacenamiento y comunicaciones	+	Salario alto

Fuente: Elaboración propia sobre la base de Cuentas Nacionales (INDEC), SIPA (INDEC), MIP (INDEC), EPH (INDEC) y Coremberg (2009).

Si bien aún no se ha visto la dimensión del conflicto salarial impulsado por los sindicatos, que aparecerá con el próximo capítulo, mantengamos esta idea presente ya que orientará la lectura en dichas páginas.

Reflexiones finales

En el período post-neoliberal los márgenes de ganancia se amplían para la mayor parte de los sectores económicos analizados, en comparación con los años pertenecientes a la última década del siglo pasado. La única excepción la integra la rama de Suministro de electricidad, gas y agua, donde se pudo tratar las particularidades que han hecho que, al menos durante el período de 20 años trabajado, dicho sector mantuviera relativa independencia del ciclo económico nacional.

Por otra parte, otro elemento distintivo de la etapa es que se amplían las diferencias sectoriales en los márgenes de ganancia. Es decir, dentro del nuevo patrón de acumulación, las especificidades sectoriales como la incorporación de tecnología en el sector agrícola (que incrementa la productividad sectorial), el *boom* del precio de los *commodities* o la política pública de subsidios al transporte de pasajeros, imponen características diferenciales que engendran trayectorias favorables en mayor o menor medida. Asimismo, la distinta intensidad en el uso de capital y fuerza de trabajo, hace que una misma política como el incremento del tipo de cambio, beneficie en mayor medida a los sectores que demandan más mano de obra, como lo que sucede en la Industria a la salida de la Convertibilidad.

Podría mencionarse que en esta última etapa existe un contrasentido en términos del proceso de igualación de tasas de ganancia. Sin embargo, si dicha ley actúa como una regulación tendencial, una fuerza que impulsa y direcciona el proceso dinámico de competencia (no como un resultado instantáneo y permanente), y si dicha fuerza no involucra al conjunto de los capitales sino a aquellos dispuestos (facultados) a alterar las decisiones de inversión y localización, entonces no habría por qué repensar el fenómeno.

Las evidencias presentadas sobre la ampliación de ganancias sectoriales, tanto en nivel como en disparidades, dieron una primera idea del escenario que se venía en torno a los límites superiores al incremento de salarios. Empero, las características productivas añadieron nuevos elementos que terminaron de completar el cuadro de situación.

Las condiciones económicas de la etapa 2003-2012, coherentes con la dinámica de las tasas, mostraron mayores posibilidades de incrementar salarios. Más allá de los movimientos particulares de muy corto alcance, con la resolución de la crisis 1998-2001 la economía argentina experimentó un incremento general en los límites superiores. En este esquema Minas y Canteras, Transporte y Agricultura detentan los incrementos más significativos. Por lo cual, en estas ramas de actividad, dadas sus características productivas y sus dinámicas de acumulación de capital, los márgenes más elevados posibilitan el incremento de salarios sin cuestionar el normal desenvolvimiento de la acumulación.

Finalmente, el límite superior efectivo presenta una fuerte correspondencia con la estructura salarial del período: en dos tercios de los sectores, donde hay mayores posibilidades de otorgar incrementos salariales, existen salarios medios altos.

De todos modos, las condiciones de acumulación de capital y las posibilidades de otorgar incrementos salariales, son sólo una cara de la moneda. Nada se ha dicho sobre el poder de negociación de las organizaciones de trabajadores en cada uno de los sectores, y su capacidad de obtener conquistas. Lo planteado hasta aquí no alcanza para sacar conclusiones sobre los niveles efectivos de salarios y las desigualdades existentes entre las diferentes ramas. Para ello, es necesario integrar al modelo los conflictos salariales y las negociaciones colectivas impulsadas por los sindicatos en el período. Será ineludible apartar la óptica del capital para estudiar las condiciones de organización y demandas a nivel de cada sector, que logren convertir los beneficios de las empresas en aumentos salariales para los trabajadores y trabajadoras de la Argentina.

CAPÍTULO 6 /
La acción sindical como límite inferior a la desvalorización de los salarios

"Margarita mira desde abajo pero vuela,
canta y baila sin parar y no se desespera
con su luz, cura lo que sea".
"Margarita". Luciano Larocca y El escorpión

Introducción

Las condiciones de valorización del capital en general, y las tasas de ganancia a nivel sectorial en particular, son necesarios para identificar los capitales y sectores que se encuentran en mejores condiciones para otorgar incrementos salariales. Esto marca un punto inicial, y grafica los límites superiores para entender las particularidades en la definición de los salarios medios.

Ahora bien, se ha dicho que la dinámica económica no puede escindirse de lo que sucede en el plano político, y también que como contracara de las fuerzas del capital que impulsan la desvalorización de los salarios (entre otros métodos para conseguir desplazar a la competencia), aparece la organización de los trabajadores y su acción.

El punto de partida para pensar el límite inferior de los salarios, en el marco del enfoque marxiano, es el valor de la fuerza de trabajo como concepto teórico. Sin embargo, hay tres motivos por los que complementar el análisis. En primer lugar, el estudio específico de la desigualdad involucra un período de diez años, un corto plazo para el que se puede afirmar que dicho valor no cambia. En segundo lugar, puede pensarse que dicho valor es una referencia común para el conjunto de los trabajadores y trabajadoras del país, es decir, no varía sectorialmente. En tercer lugar y no menos importante, en muchos casos se propone que la constante reproducción del *Ejército Industrial de Reserva* condiciona el poder de los trabajadores e impone que el costo de reproducción del trabajador y su familia esté sobredeterminado por el poder del capital. De esta forma, se reserva un lugar secundario para la capacidad de los trabajadores de incidir en la dinámica salarial, y pierde potencial explicativo. En el enfoque que concretizaremos a continuación, los resultados vinculados con la lógica del capital son un aspecto que por sí mismo no logra explicar la dinámica general.

Las páginas que conforman este capítulo tienen por objeto identificar la influencia de la intervención sindical en la determinación del salario a través del estudio de dos dimensiones que expresan la conflictividad promovida por los trabajadores: la negociación colectiva (NC) y la acción sindical (AS).

En la segunda sección se trabaja la incidencia de la organización a través de una somera presentación del modelo de negociación Estado-empresas-sindicatos, y se problematiza la tasa de sindicalización como instrumento para discutir el poder sindical.

La tercera sección discute el marco institucional del período. Las instituciones no permanecen en un lugar de contexto, sino que hacen al sendero específico en el que se lleva adelante la puja capital y trabajo. Las políticas estatales regulan el mercado de trabajo, y pueden convertir ciertas demandas de los trabajadores en pisos más estables para incrementos salariales. En particular, la *negociación colectiva* entendida como acciones sindicales pasadas que se han institucionalizado, actúa en ese sentido.

La cuarta sección desarrolla la categoría *acción sindical*, con su abordaje teórico y empírico, con objeto de exhibir el conflicto laboral vinculado a demandas salariales para los sectores incorporados al trabajo.

Por último, en una quinta sección se integran las categorías de NC y AS, para vincularlas al límite inferior efectivo[92] y la estructura de salarios. Dicha integración resulta relevante para entender no sólo el plano de la negociación empresas-sindicatos, sino también el de las políticas públicas dado que son parte de la selectividad-estratégica de actores estatales que responden a la correlación de fuerzas sociales.

I. La organización sindical y el modelo de negociación argentino

La política laboral es el principal instrumento de regulación estatal del mercado de trabajo. Su componente más importante es la legislación laboral que establece las condiciones de trabajo, contratación y despido, así como niveles de remuneración (mínimos o máximos), de manera directa o por medio de mecanismos de negociación (R. Cortés & Marshall, 1991). En este sentido, puede distinguirse entre marcos institucionales débiles y fuertes (Frege & Kelly, 2003). Un marco institucional fuerte se da cuando: a) los derechos y obligaciones de las partes que negocian se encuentran formalmente establecidos; b) cuando por ley el Estado determina los actores reco-

---

92 Durante todo el capítulo se trata de dimensionar el límite inferior efectivo, por lo que aunque no se mencione explícitamente en cada oportunidad no debe prestarse a confusión. En caso de ser necesario, puede releerse esta discusión en el capítulo III del presente libro.

Facundo Barrera Insua

nocidos para firmar acuerdos y convenios; y c) cuando los acuerdos firmados son de carácter obligatorio para las partes. La situación inversa, un marco normativo débil, favorece la descentralización y otorga mayor libertad a los actores tanto en la negociación como en la resolución del conflicto. Por ende, en una situación con el poder distribuido asimétricamente, un marco débil consolida la posición del más favorecido.

El *grado de cobertura de la negociación colectiva* es otro factor institucional clave. La cobertura puede determinarse por la representatividad y adhesión ganada por los actores sociales (adhesión directa), o por imperio de la ley (extensión por ley) (Trajtemberg, 2013). Un alto porcentaje de cobertura implica una centralización "efectiva" de la negociación colectiva dado que lo pactado se extiende a un universo amplio de trabajadores, más allá de los vinculados al sindicato. Desde luego, esta situación favorece el poder de negociación de los sindicatos.

En Argentina, a partir de la década de 1940 con la instalación del sistema de negociación empresarios-sindicatos, en el que el Estado interviene como homologador, es posible pensar la incidencia del modelo de negociación. En particular, la negociación colectiva se institucionaliza a partir de la sanción de la Ley 14250 en el año 1953, que aún rige[93] (Campos *et ál.*, 2013).

La configuración inicial es la de un modelo de negociación colectiva centralizada, donde el Estado ocupa el rol de censor o facilitador de acuerdo a las necesidades del ciclo económico y posibilidades de conflicto de los distintos actores (Novick, 2001), en el marco de un patrón de acumulación orientado al mercado interno y la producción industrial. La estrategia sindical se concentra en la búsqueda de actualizaciones salariales, primeramente pactadas por el sector líder (metalúrgicos) según el comportamiento de la inflación y del costo de vida, al que se pliegan el resto de las ramas de actividad (Palomino, Szretter, Trajtemberg & Zanabria, 2006). El seguimiento de los sectores líderes (no siempre explícito), junto con un elevado y sostenido nivel de inflación, deviene en un comportamiento favorable al *pattern barganining* (formal o informal), refuerza la negociación centralizada y favorece la homogeneidad salarial. Asimismo, el hecho de que fuera baja la cantidad de negociaciones de amplia escala, también favorece su visibilidad pública y la transmisión de resultados (Marshall & Perelman, 2004a).

El modelo institucional se modifica, de manera drástica, con el gobierno dictatorial entre los años 1976-1983. La negociación colectiva se erosiona producto de la eliminación de la actividad negocial, con salarios que se fijan desde el Estado. A esto se suma la caída de la actividad sindical, explicada por la represión abierta

---

93 La Ley 14250 refiere a la negociación colectiva en el sector privado no agrícola, y versa sobre aspectos vinculados con: a) los sujetos que pueden suscribir el CCT; b) el alcance de los CCT; c) efectos del CCT una vez vencido; d) relación con otras normas; e) la autoridad de aplicación; y f) la posible creación de comisiones paritarias (Campos *et ál.*, 2013).

realizada por la Dictadura Cívico-Militar, y las transformaciones productivas que van en desmedro del sector industrial, tradicional escenario de conflicto laboral[94].

En lo que se refiere a la orientación de la política laboral, mediante el sistema estatal de fijación de salarios que finaliza en 1982, el gobierno dictatorial favorece los acuerdos por empresa, de acuerdo con una estrategia antiinflacionaria que implica sólo autorizar incrementos salariales que estén ligados a productividad (Marshall, 1995).

Luego, con la instauración de la Convertibilidad, el gobierno retoma de manera definida, la orientación de la política pública hacia posiciones pro-empresariales. En los acuerdos y convenios que se firman mayoritariamente a nivel de empresa, tiene un lugar preponderante la flexibilidad contractual (aceptación de contratación por tiempo determinado), y la flexibilidad interna (cambios en la jornada y organización del trabajo, y modalidades de remuneración) (Novick & Trajtemberg, 2000).

Las reformas a las leyes de empleo que se dan a comienzo y finales de la década (Ley Nacional de Empleo Nº 24013 de 1991[95], y Ley de Reforma Laboral Nº 25550 de 2000), tienen repercusión directa en el incremento del empleo informal. La Ley 24013 incorpora modalidades de contratación sin estabilidad, disminuye la indemnización por despido, obliga a los convenios colectivos a negociar sobre flexibilidad laboral, y habilita a superar el límite máximo de la jornada laboral. Mientras que la Ley 25550 fija un período de prueba en 3 o 6 meses, obstruye la negociación por actividad, habilita el "descuelgue" del convenio colectivo por acuerdo entre empleador y sindicato, y deroga la regla de ultraactividad de los convenios colectivos[96] (Recalde, 2011)[97].

Sin lugar a dudas, en aquel tiempo los sindicatos pierden parte de su rol de protección y representación. La estructura sindical se resiente y pasa de una figura clásica centrada en la defensa de los afiliados en su relación con la patronal, a un conjunto de relaciones donde predomina la lógica de prestación de servicios o las ganancias comerciales (Campione, 2002).

El poder sindical se ve minado por varios factores: a) la consolidación política del gobierno; b) la pérdida de objetivos comunes; c) las nuevas condiciones económicas (debilitan las tradicionales estrategias de acción, vinculadas con el aumento del salario nominal); d) la erosión del esquema de negociación colectiva; e) la división

---

94 Algunas de las condiciones político-económicas que marcan el cambio se relacionan con una conjunción acelerada entre reestructuración del capital y represión abierta, disminución de la participación del trabajo en el producto, incremento de la precarización laboral y debilitamiento de los sindicatos (Campione, 2002).

95 Asimismo, el gobierno Justicialista impone topes a las demandas salariales y a los resarcimientos por accidentes de trabajo, congela el salario mínimo, reglamenta el derecho a huelga en los servicios públicos (en trámite de privatización), y descentraliza el ámbito de negociación hacia la empresa, donde los incrementos salariales deben estar atados a la productividad (Giordano & Torres, 1997).

96 La legislación laboral argentina contempla la "ultraactividad de los convenios", lo que significa que estos son válidos hasta que se negocie un nuevo acuerdo, incluso aunque se haya vencido su período formal.

97 Las medidas pueden estudiarse en detalle a partir de los trabajos de Giordano & Torres (1997), Neffa, Biafore, Cardelli & Gioia (2005), y Recalde (2011), entre otros.

Facundo Barrera Insua

sindical (Palomino, 2005). En este sentido, Rapoport (2000) menciona que frente a las reformas estructurales y, en particular frente a la reforma laboral, las organizaciones sindicales actúan con estrategias divergentes que van desde una actitud colaboracionista hasta la oposición frontal. Asimismo, a la incapacidad para sostener posiciones unificadas, Palomino (2005) añade la pérdida de legitimidad social de las estructuras de representación (gremios y centrales sindicales), lo que lógicamente implica acrecentar las debilidades presentes. En este marco, la postura asumida por la mayor parte de los sindicatos es la de no negociar en condiciones desventajosas, lo que explica el bajo número de negociaciones por año durante el período (Palomino & Trajtemberg, 2006).

El modelo de negociación resultante de los años noventa es llamado "neo-corporativista segmentado" por dos cualidades principales. En primer lugar, comparte rasgos con el neo-corporativismo de estilo europeo, específicamente, negociaciones a nivel de cúpulas entre el empresariado y sindicatos relativamente autónomos. Sus principales características son: a) organizaciones sindicales y empresariales que tienden a ser monopólicas y bastante centralizadas, b) políticas con respecto al salario y otros aspectos formuladas en comisiones tripartitas a nivel de cúpulas entre Estado y representantes, c) presencia de partidos en el gobierno favorables o con base de apoyo en los sindicatos.

En segundo lugar, la caracterización de "segmentado" ubica el énfasis en la principal diferencia en términos de negociación con respecto a la modalidad europea: la existencia de un sector informal de más del 30% de la clase trabajadora. Por lo tanto, la negociación deja afuera a un nutrido grupo que no percibe los beneficios por encontrarse en esta condición (Etchemendy & Collier, 2007).

Desde abordajes marxianos también se señala el incremento de la precarización de la fuerza de trabajo como característica distintiva del modelo de negociación actual. No obstante, la diferencia aparece al enmarcar el proceso en la disputa capital-trabajo, y la implicancia concreta sobre la capacidad de resistencia de la clase trabajadora. La precarización resta margen de acción por múltiples razones: a) individualiza el vínculo entre trabajadores y empresarios; b) ejerce una *deslaborización* de las relaciones contractuales, por fuera de la protección legal, y en consecuencia, desconoce la asimetría de poder entre las partes; c) impone la flexibilización como paradigma empresarial y erosiona parte de las conquistas de los trabajadores (Montes Cató, 2007).

Por último, la relevancia analítica en términos de impacto sobre el poder de los trabajadores, también se expresa en las estimaciones de quienes señalan que casi la totalidad de la caída en la afiliación de los asalariados es explicada por el incremento de la informalidad (Adriana Marshall & Groisman, 2005).

El panorama descripto exhibe un contexto que parece dejar pocas dudas, tanto en lo que se refiere a la debilidad política coyuntural para las organizaciones de trabajadores, como a las dificultades para reconstruir la posición de fuerza de cara a las disputas venideras. Sin embargo, desde los primeros años de la década pasada se reconoce una recomposición del poder de los sindicatos con expresión en el acelerado ascenso del conflicto laboral y los acuerdos colectivos. En la siguiente sección, luego de realizar algunas consideraciones sobre el uso de la tasa de sindicalización, retomaremos este punto.

I.I. La sindicalización a través de su tasa

En Argentina, la organización sindical es estudiada frecuentemente a partir de la tasa de sindicalización. Construida como cantidad de afiliados cotizantes a los sindicatos sobre la cantidad de trabajadores en condiciones de sindicalizarse, se utiliza como *proxy* del poder de negociación de estas organizaciones. Sus determinantes se vinculan con explicaciones de carácter macroeconómico, como los cambios en la orientación de política económica y laboral, el crecimiento del desempleo o el aumento del empleo asalariado no registrado; o bien a nivel de los individuos, como la política sindical o la presencia de delegados en la empresa.

A pesar de su frecuente uso, tanto por los problemas que contienen las fuentes de información (Torre, 1973), como por los relevamientos puntuales e incomparables entre sí, las afirmaciones que involucren los movimientos intertemporales de la cantidad de afiliados deben realizarse con cautela (Godio, 2000; Marshall, 2001). Esta complejidad es una primera razón para proponer medidas adicionales. Un segundo elemento se relaciona con el problema del descenso general de la tasa de sindicalización, y por tanto, la pregunta acerca de la pérdida de capacidad explicativa. Numerosos estudios para países desarrollados señalan la necesidad de complementar la tasa de sindicalización mediante variables vinculadas con la participación de los trabajadores[98].

Sin perder de vista los recaudos planteados, la Argentina posee una elevada tasa de sindicalización respecto a los parámetros internacionales, al menos desde mediados del siglo pasado. Posteriormente, entre los años sesenta y ochenta, el registro se mantendría elevado producto de la representación sindical en los lugares de trabajo (en especial grandes y medianas empresas), la cuota de solidaridad, y a partir de la provisión del servicio de obras sociales, inicialmente con acceso limitado a los afiliados (Marshall & Perelman, 2004b).

La tendencia comienza a revertirse a partir de la década de 1970, y se profundiza en los años noventa. Por un lado, las estrategias de reclutamiento se habrían debilitado al incrementarse la independencia entre el número de afiliados y el ámbito de aplicación de la negociación colectiva, el poder sindical frente al Estado, su capacidad de movilización y acción colectiva, y sus fuentes de ingresos (Marshall

---

98 Entre muchos otros puede verse Wallerstein & Western (2000) y Prieto Rodríguez & Miguélez Lobo (1995).

Facundo Barrera Insua

& Perelman, 2004b). Por el otro, las transformaciones en el mercado de trabajo también incidirían negativamente en la tasa: caída de participación de sectores más sindicalizados (industria y servicios públicos privatizados), aumento del número de pequeños establecimientos menos sindicalizados (pequeñas empresas), y crecimiento del empleo no registrado y temporario, entre otros cambios. Al mismo tiempo, a pesar del impulso de estas fuerzas, durante los años de Convertibilidad la caída de la afiliación no habría sido pronunciada, y en gran medida habría estado explicada por la expansión del no registro (Marshall & Groisman, 2005).

En la Argentina ha habido intentos por redireccionar el eje desde el compromiso de la afiliación hacia la participación sindical. El trabajo de Delfini *et ál.* (2011) adiciona la participación de los trabajadores en actividades sindicales, en instancias de negociación colectiva y el grado de conocimiento del Convenio Colectivo de Trabajo. Por su parte, Novick (2001) añade el vínculo que se establece a través de las obras sociales gremiales, como herramienta que facilita la incorporación del trabajador al sindicato y, por ende, favorece la densidad sindical.

En síntesis, ante las precauciones evidentes que deben tomarse para la lectura de la evolución de la tasa de sindicalización, y si *a priori* es viable pensar que la conformación del poder de los trabajadores puede leerse a través de dimensiones complementarias como la organización, y como consecuencia de ésta, la negociación y la acción, entonces resulta válido elaborar un análisis que las contemple e integre. La siguiente sección se concentra en una de las dos dimensiones que permitirá construir el límite inferior de los salarios, la negociación colectiva, pensada como cristalización institucional de conflictos pasados.

II. Regulación pública de los salarios y negociación colectiva

El panorama reseñado indica que los años noventa fueron sinónimo de organizaciones de trabajadores debilitadas y numerosos cambios, entre los que se destaca el crecimiento de la informalidad, y que refuerzan la caída de la influencia sindical. Por ende, a comienzos del siglo actual, los sindicatos se encuentran fuertemente condicionados para recuperar el terreno perdido durante los años previos y ante los nuevos costos que impone la resolución de la crisis (salida devaluatoria y las consecuencias sobre los salarios reales).

Marco institucional y conflicto se condicionan mutuamente. La recuperación de la acción sindical depende del marco institucional de la etapa dado que puede facilitar el éxito del conflicto por los salarios y, al mismo tiempo, el marco institucional depende de las acciones sindicales, dado que estas últimas inciden en las decisiones de los *policy makers*, quienes responden a la correlación de fuerzas de cada coyuntura (Jessop, 2014).

A continuación, discutiremos las condiciones específicas del marco institucional, con especial atención en la negociación colectiva de las sub-etapas 2003-2007 y 2008-2012, donde varía la política laboral y la dinámica salarial.

II.I. Marco institucional, negociación colectiva y salarios, un análisis por sub-etapas

Durante los primeros años del gobierno de Néstor Kirchner, la política laboral toma un rol activo en la promoción de aumentos salariales en el sector privado mediante incrementos de suma fija no remunerativa, lo que es complementado con aumentos por decreto incorporados al salario básico[99]. Con esta modalidad de regulación, hacia el año 2005 el sector privado registrado logra recomponer el salario real al nivel de 2001, aunque sin alcanzar el nivel medio de la década anterior.

Del mismo modo, a mediados del año 2003 se reactiva la administración estatal del salario mínimo, vital y móvil, que involucra actualizaciones periódicas. Durante más de una década (1991-2003) su valor se mantiene fijo, lo que desvirtúa el objetivo principal de establecer un piso salarial efectivo para los trabajadores de menor calificación. Entre el año 2004 y hasta mediados de 2006 se produce una recuperación del salario mínimo con relación al salario promedio de la economía, el cual pasa de representar el 42,8% al 54,2%. A partir de allí, la participación permanece relativamente constante hasta 2010 (Groisman, 2013).

Por otra parte, en el año 2004 se modifica el marco legal de la Negociación Colectiva al derogar la Ley 25250[100]. La nueva ley revierte las reformas que habían flexibilizado la contratación salarial a fines del período de la Convertibilidad. La modificación refuerza los convenios sectoriales al incluir cláusulas inmodificables por la negociación de empresa, y restituir la ultraactividad de los contratos.

El aumento acelerado de la negociación colectiva, en particular durante los años 2003-2007, habla de la creciente intervención de los sindicatos en el mercado de trabajo. Más precisamente, a partir del año 2006 se consolidan las rondas de nego-

---

99 La intervención estatal no se circunscribe a este ámbito, sino que coherente con el nuevo modo de regulación, también interviene activamente en la formación de precios (a través de impuestos al comercio exterior, acuerdos de precios internos, fijación de tarifas, etc.).

100 La Ley de Reforma Laboral, aprobada en el año 2000 bajo sospecha de coimas a varios legisladores, flexibiliza el empleo en varios sentidos. En primer lugar, fija un período de prueba en 3 o 6 meses, según el tamaño de la empresa, y permite la ampliación hasta el año. En segundo lugar, obstruye la negociación por actividad: exige nuevos requisitos, establece que en caso de concurrencia de convenios de diferente ámbito sería aplicable el del ámbito menor aunque fuera peor. En tercer lugar, habilita el "descuelgue" del convenio colectivo por acuerdo entre empleador y sindicato y deroga la regla de ultraactividad de los convenios colectivos tanto para los vigentes como para los futuros. Finalmente, reemplaza el decreto de reglamentación de huelga por una disposición legal que permite al MTEySS disponer que la educación sea considerada servicio esencial, y así restringir el ejercicio del derecho a huelga del sector (Recalde, 2011).

ciación donde los grandes gremios acuerdan y actualizan las pautas salariales del convenio sectorial (Etchemendy, 2011).

Las negociaciones colectivas crecen de manera sostenida hasta el año 2010, donde se alcanzan las 2.038 homologaciones por parte del MTEySS. A partir de allí, el número desciende hasta alcanzar las 1.744 en 2012 (Gráfico 19).

Gráfico 19. Cantidad de negociaciones y personal comprendido (en miles). Años 2004-2012.

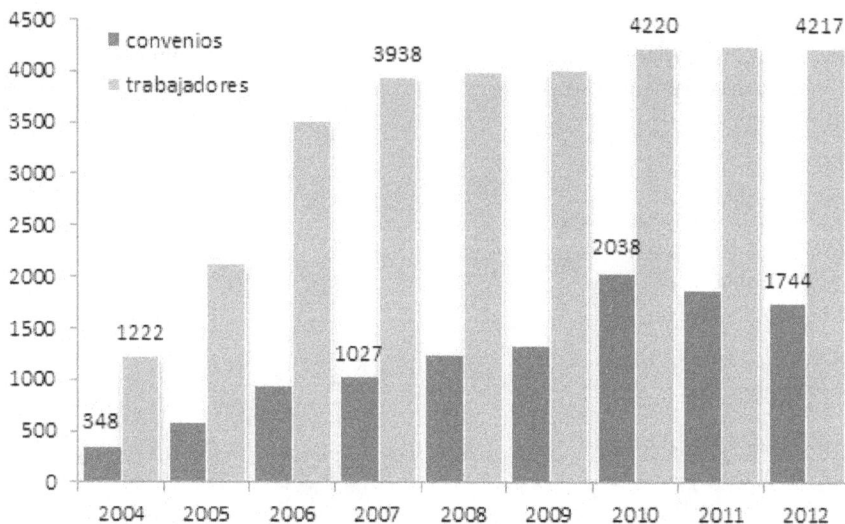

Fuente: Elaboración propia en base a datos del MTEySS.

La renovación anual de las escalas salariales que se da por la aceleración de la inflación y el crecimiento económico, es uno de los aspectos que distingue la presente etapa de la negociación, y a la vez, explica el crecimiento en el número de convenios. De hecho, en el año de mayor cantidad de acuerdos y convenios (2010), el 52% de las cláusulas pactadas sólo incluyen la temática salarial (OIT, 2011).

A diferencia de lo que sucede con la cantidad de negociaciones, el personal comprendido en la negociación no retrocede sino que se estabiliza en el valor alcanzado en el año 2010, con 4.220.000 trabajadores cubiertos. La serie muestra que entre los años 2004 y 2012 crece un 245%, sin embargo, el cambio principal se da hasta el año 2007 (varía un 222%).

En relación con el nivel de empleo asalariado total, la mayor cobertura se da en 2007 (59%), ya que a partir de allí, el número de trabajadores cubiertos crecerá algo menos que lo que lo hace el empleo.

En lo que se refiere al ámbito de la negociación, sea a nivel de empresa o por rama de actividad, no hay grandes cambios de comportamiento respecto de los años noventa. Tal como se menciona en el apartado anterior, una de las transformaciones del modelo de negociación en aquella década tiene que ver con el impulso que desde la política gubernamental se da a los acuerdos a nivel de empresas. Sin embargo, a pesar de la Ley de Ordenamiento Laboral (Ley N° 25877), que en 2004 promueve la supremacía de la negociación en el nivel superior, la razón actividad/empresa evidencia una pequeña recuperación (de valores de 0,2 a fines de los años noventa crece a 0,5 en 2004), y a partir de allí se mantiene estable[101] (Gráfico 20).

Gráfico 20. Negociación colectiva según ámbitos de negociación, empresa y actividad y razón (actividad/empresa). Años 1992-2012.

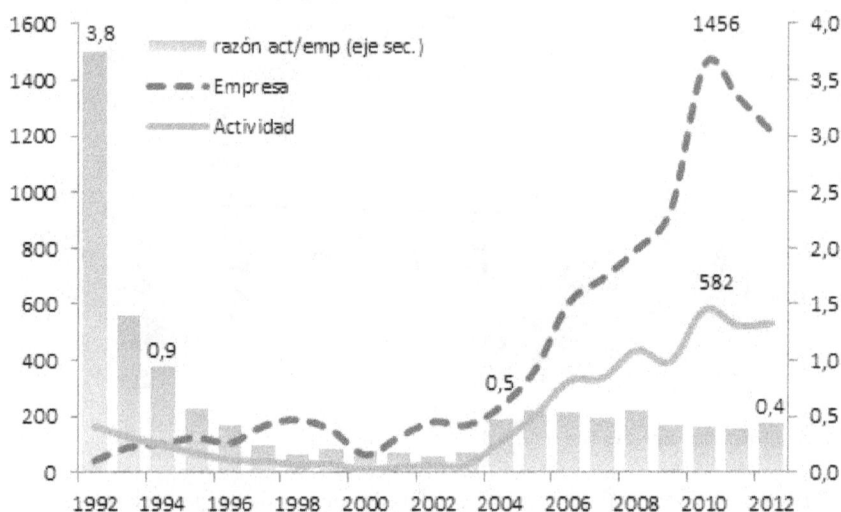

Fuente: Elaboración propia en base a datos del MTEySS.

Ahora bien, interesa de manera particular las características de la negociación colectiva según sectores económicos. En este sentido, como es de esperar, la Industria absorbe 1 de cada 3 negociaciones, mientras que el Transporte se ubica segundo con una participación de 2 sobre 5. En el extremo inferior de la distribución, ordenados de menor a mayor, aparecen los sectores de la Construcción, la Agricultura y la Minería.

---

101 La razón permite comparar el peso de ambos tipos de convenio. Si el resultado es mayor a 1 entonces hay más negociaciones a nivel de actividad, y si es menor a 1 sucede lo contrario. El valor 0,5 del año 2004 significa que a nivel de actividad se realizan la mitad de las negociaciones que a nivel de empresa.

Finalmente, a lo largo de la década los promedios anuales de los dos subperíodos (2004-2007 y 2008-2012), no presentan grandes cambios. Básicamente se mantienen las participaciones porcentuales de cada una de las ramas (Cuadro 5).

Cuadro 5. Negociaciones por sector económico. Promedio anual. Años 2004-2007 y 2008-2012.

Negociaciones por sector económico	Cantidad		%	
	2004-2007	2008-2012	2004-2007	2008-2012
Agricultura	22	26	3%	2%
Minería	22	60	3%	4%
Industria	237	543	33%	33%
Electricidad, Gas y Agua	83	167	12%	10%
Construcción	9	29	1%	2%
Comercio	41	109	6%	7%
Transporte	164	351	23%	21%
Establecimientos financieros	43	91	6%	6%
Servicios	99	267	14%	16%
	718	1.642	100%	100%

Nota: La apertura sectorial es la establecida por el MTEySS para la presente serie de datos.
Fuente: Elaboración propia en base a datos del MTEySS.

II.II. Un mejor ambiente para discutir salarios

Las transformaciones mencionadas en el marco institucional, excepto la permanencia de una mayor dinámica negocial a nivel de empresa, fortalecen las demandas de incrementos salariales de los trabajadores organizados.

Desde luego, cambios en la regulación pública del mercado de trabajo, como el fortalecimiento de la negociación colectiva como el espacio para discutir salarios, no podrían haberse conseguido sin la fuerte incorporación de trabajadores al proceso productivo que se da en la primera sub-etapa (2004-2007). Además, esto último fue primordial para mejorar la posición de poder de negociación sindical, la que crece cuando cae la tasa de desempleo (Marshall & Perelman, 2004a). En este sentido, al reducirse la masa de trabajadores sobrante, las posiciones de los sindicatos de sectores que emplean mano de obra más fácilmente sustituible son las más favorecidas, porque el excedente de fuerza de trabajo presiona más sobre estos sectores.

Otro factor institucional clave es el grado de cobertura de la negociación colectiva. Como se mencionó, la cobertura respecto al empleo asalariado crece 30 puntos porcentuales entre 2004 y 2012 (llega al 54%). Un alto porcentaje de cobertura implica una centralización "efectiva" de la negociación colectiva, porque lo pactado se extiende a un universo amplio de trabajadores (más allá de los sindicalizados), y esto redunda en un mayor poder de negociación.

Las políticas de administración pública de los salarios, también prefiguran la conformación de etapas. Una primera que abarca el período 2003-2007, dada por la centralidad de la actualización de salarios vía incrementos de suma fija y la reactivación del salario mínimo. El notable incremento del SMVM, por encima del salario medio (privado registrado), pone de manifiesto que se le otorga el rol de impulsar los salarios más bajos.

En la segunda etapa (2008-2012), la dinámica pasa a estar centrada en la negociación colectiva, el salario medio del sector privado registrado crece el doble que el salario mínimo. A su vez, como es de esperar, el aumento del salario registrado es superior al del conjunto de los asalariados, que incluye a los trabajadores no registrados (sin la protección del marco legal laboral). Los informales recuperan el salario real de 2001 (un nivel ya bajo), recién en 2011[102].

Mientras tanto, y aunque no exclusivamente durante estos años, se observa una convergencia entre los salarios de convenio y los efectivos, lo que señala el papel central de la negociación colectiva en la determinación de salarios (OIT, 2011) (Cuadro 6).

Cuadro 6. Salarios y negociación colectiva en Argentina 2003-2012. Variables seleccionadas.

Variación punta-a-punta	SVMV	Salario promedio sector privado registrado (valores ctes.)	Salario promedio total asalariados	Índice de precios al consumidor	Ritmo negocial	Cobertura negocial
2003-2007	390%	214%	111%	50%	195%*	222%*
2008-2012	172%	353%	181%	117%	42%	5,63%

(*) Los datos correspondientes a ritmo y cobertura de la negociación corresponden en la primera etapa al período 2004-2007.
Fuente: Barrera Insua y Fernández Massi (2014).

En síntesis, las diferencias que exhibe el comportamiento del salario mínimo (que expresa una forma particular de intervención del Estado), y de los salarios promedios (que resultan de la conjunción de otras formas de intervención estatales,

---

102 Tal como se manifestó anteriormente, el índice de precios utilizado a partir de 2007 es el "7 provincias" (CENDA) y "9 provincias" (CIFRA).

pero también sindicales y empresariales), dan cuenta de los distintos patrones en la regulación salarial. En efecto, a lo largo del primer subperíodo existe un marcado aumento del ritmo negocial, esto es, de la cantidad de acuerdos y convenios firmados, y de la cantidad de trabajadores alcanzados por los mismos. Tal incremento sienta las bases para que en el quinquenio siguiente los incrementos salariales se acuerden en tales instancias.

De esta manera, los cambios institucionales que se dan durante el período, sea por el impulso inicial del gobierno o por la dinámica negocial posterior a 2006, tienden a recomponer el poder de negociación de los trabajadores diezmado durante los años noventa. Un límite concreto para tal recomposición aparece con el modelo de negociación "segmentado", dado que a pesar del impulso del crecimiento económico con un cambio en el patrón de creación de empleo[103], este fenómeno afecta a 3 millones de personas (34,6% de los asalariados en 2012). Estos trabajadores tienen negado, entre otros, el derecho a sindicalizarse, lo cual impone un techo sobre las posibilidades de expansión de la sindicalización y condiciona las características del conflicto.

III. De la sindicalización a la acción sindical, una propuesta complementaria

Las transformaciones científico-técnicas ocurridas en el capitalismo global a partir de mediados de la década del setenta del siglo pasado, imponen cambios en los métodos de producción y el empleo. La retracción de la cantidad de trabajadores manuales, el achicamiento de las horas de trabajo poco calificado a partir de la incorporación de nueva tecnología, y el incremento de la participación del sector servicios, entre otros elementos, suponen el aislamiento de los trabajadores tradicionalmente más activos en lo que a resistencia se trata: los trabajadores manuales del sector industrial.

En este contexto, surgen lecturas que cuestionan la relevancia del conflicto laboral, sus principales actores, y la categoría trabajo pierde centralidad en los análisis sobre conflicto social (Gorz, 1990; Habermas, 1971). Con una clase obrera en franca desaparición, se plantea que el estudio de sus organizaciones carece de sentido y, en su lugar, adquieren relevancia nuevos actores de la dinámica social (Offe, 1992; Villarreal, 1996). Las luchas de base material relegan espacio a manos de problemáticas como las de género, ambientales, estudiantiles o indígenas.

En Argentina, las renovadas características del ciclo de valorización del capital a escala global tienen su expresión concreta. La ofensiva de los sectores dominantes durante la década de la Convertibilidad, tal como se explicó, eleva los valores promedio de desocupación y configura un sector estructural de trabajadores informales.

---

103 Groisman (2011), señala que en el quinquenio 2004-2009 prevalece la creación de puestos de trabajo asalariados registrados en la seguridad social. Entre puntas, este tipo de empleo creció un 44%, mientras que los puestos no registrados lo hicieron tan solo en un 7%.

En lo que se refiere a los estudios de conflictividad social, si bien aparece un interés por nuevas formas de organización y lucha (como las de las organizaciones de desocupados), en muchos casos no dejan de ser concebidas como expresiones concretas de la *lucha de clases* (Svampa, 2008), incluso pensado así desde la propia lectura de las organizaciones impulsoras del conflicto (Ghibaudi, 2013).

El debilitamiento estructural del sindicalismo tiene expresión en la evolución de la conflictividad (Santella, 2006). De todos modos, en el conflicto social de la Argentina aun priman las acciones laborales (Etchemendy y Collier, 2008), incluso para la década del noventa (N. Iñigo Carrera & Cotarelo, 2000).

En cualquier caso, la primera década del siglo XXI en Argentina deja atrás estos debates al transitarse un rápido proceso de "revitalización sindical"[104]. Luego de la crisis del modelo imperante en los años noventa, se establece una dinámica que no es nueva para la economía argentina: devaluación, crecimiento y recomposición del empleo. Aquí, el éxito de la política macroeconómica post devaluación se asienta en el sostenimiento de un tipo de cambio real elevado y de superávit en las cuentas externas y fiscales, pero implica una tensión constante con las demandas de recomposición del salario real. Es decir, es esperable que la búsqueda de equilibrios macroeconómicos redunde en un incremento del número de conflictos salariales (Pérez, 2006).

Los conflictos vinculados con la disputa por los ingresos laborales requieren de la organización sindical y son expresión de la misma. Por tanto, puede estudiarse la incidencia sindical en la determinación de salarios, a través del conflicto salarial. Al mismo tiempo, el que exista un protagonismo sindical en la gestación del conflicto, no quita que pueda ser protagonizado por trabajadores sindicalizados y también por aquellos que no lo están, lo que permite incorporar esta faceta al análisis. La categoría *acción sindical* incorpora la participación de los trabajadores como variable relevante, lo que la convierte en un complemento de la información que aporta la tasa de sindicalización. A continuación se describe la propuesta.

III.I. El estudio del conflicto salarial en la Argentina reciente

Durante varias décadas el estudio del conflicto laboral gira en torno a las huelgas, en buena medida, dado su papel de índice o expresión de la lucha de clases (Edwards, 1993). El retiro de los trabajadores de sus puestos de trabajo, expresión concreta y generalizada de la huelga, constituye una herramienta primordial para expresar sus reclamos, particularmente en tiempos de escaso reconocimiento de las organizaciones y representaciones obreras. Allí, los reclamos se encontraban mayormente vinculados al conflicto industrial.

---

104 Sobre este tema pueden consultarse trabajos como (Atzeni & Ghigliani, 2008; Barrera Insua, 2015; E. Basualdo, 2008; Etchemendy & Collier, 2007; Lenguita, 2011; Observatorio del Derecho Social, 2008; Santella, 2013; Senén & Medwid, 2007).

Facundo Barrera Insua

A partir de la decimoquinta Conferencia Internacional de Estadísticos del Trabajo (OIT, 1993), se reconoce "el surgimiento de nuevas formas de acciones reivindicativas y la necesidad de que sean abarcadas por las normas estadísticas nacionales e internacionales". A partir del año 2006, las estadísticas oficiales del Ministerio de Trabajo, Empleo y Seguridad Social (MTEySS), incorporan la construcción de una base de datos sobre conflictos laborales de acuerdo al criterio OIT[105]. La definición de una nueva unidad de análisis, el *conflicto laboral*, intenta trascender las limitaciones del concepto de huelga, las que tendrían su origen en la administración de los conflictos por parte de los organismos de gobierno y su eficacia en establecer instancias de "prevención" de las interrupciones de trabajo. Estos sistemas de canalización institucional invisibilizarían algunos conflictos ya que los trabajadores recurrirían a ellos por medio de un aviso o manifestación pública, y de esa manera, buscarían movilizar el aparato estatal de mediación para no llegar a la interrupción del trabajo (Palomino, 2007).

En nuestro caso, el análisis de los conflictos laborales es restringido a aquellos conflictos vinculados con demandas salariales, en los sectores privados trabajados, y que suceden en el período 2006-2010. Estos son años donde el mercado de trabajo exhibe tasas de desocupación y subocupación menores a los dos dígitos, pleno funcionamiento de la negociación colectiva, y ajustes periódicos del salario mínimo.

Tanto por problemáticas de empleo menos acuciantes, como por la activación de las políticas de regulación salarial, se supone estar ante un escenario que da a los trabajadores garantías para encarar el conflicto en coyunturas de frecuente negociación[106].

III.II. El conflicto salarial: ¿distinta fisonomía con un mismo protagonista?

Durante los años 2006-2010 se registraron un total de 10.377 conflictos laborales, con una tendencia ascendente, aunque con una amplia variabilidad en los registros anuales[107]. Entre puntas hay un crecimiento del 40% (Gráfico 21).

---

105 La base de datos se construye desde mediados de la década pasada con información publicada en 125 medios de prensa de todo el país, a los que se agregan medios especializados en noticias gremiales. Una descripción pormenorizada puede leerse en Palomino (2007).

106 El análisis que lleva a la construcción de la variable *acción sindical*, no reposa en la información anual de la serie de conflictos, lo que requeriría un paneo temporal más amplio, sino que estudia la evidencia de los datos agregados del período.

107 No se desconoce que en la acumulación por períodos, tanto los conflictos que se extienden por dos o más meses como los huelguistas que participan de más de un conflicto, aparecen contabilizados en ambas oportunidades (Palomino, 2007). Sin embargo, dado que la intención del presente trabajo es contemplar la conflictividad salarial global, se interpreta que la contribución a ese registro es la misma, más allá del origen del conflicto o quiénes son los participantes en cuestión.

Gráfico 21. Conflictos laborales, cantidad (eje principal) y tasa de variación anual (eje secundario). Años 2006-2010. Argentina.

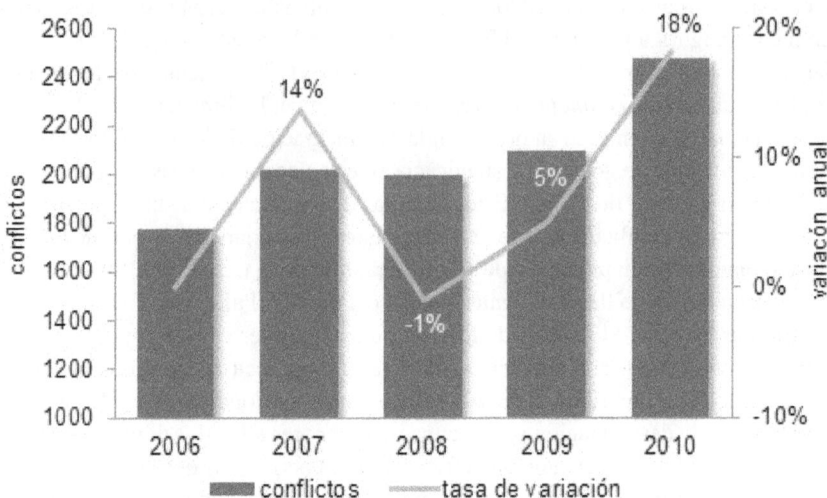

Fuente: Elaboración propia con base en datos del MTEySS, 2013.

La dinámica de disputa salarial estudiada, tal como se señala en el primer capítulo, se circunscribe al ámbito privado donde actúan conjuntamente las fuerzas vinculadas con la tasa de ganancias y el conflicto capital-trabajo. En este sentido, los conflictos salariales[108] correspondientes al ámbito privado representan un 32% del total, por lo que en adelante se trabaja con 2.058 observaciones.

Por otra parte, para terminar de definir la variable *acción sindical*, se requiere incluir únicamente los conflictos vinculados con la estrategia de los sindicatos, es decir los que son impulsados por dichas organizaciones. La variable "residual", conflictos no impulsados por sindicatos, al menos de manera directa, la llamaremos acción *no sindical*. Vale aclarar que las categorías son estudiadas como compartimentos estancos sólo a los efectos de dimensionar las variables, dado que es claro que el conflicto favorece la institucionalización de las organizaciones de los trabajadores, es decir, la forma sindicato[109].

---

108 Los conflictos salariales se conforman a partir de las siguientes categorías: *demanda de mejoras salariales genéricas y específicas, pagos adeudados, y negociación o paritaria vinculada con lo salarial.*

109 En un trabajo previo se estudió la dinámica asociativa de los trabajadores a partir de las características que revisten las nuevas inscripciones gremiales del lapso 2003-2008. Allí se muestra una alta correlación entre los sectores económicos más dinámicos en el conflicto y las inscripciones gremiales. Es decir, dicho vínculo podría

Facundo Barrera Insua

La estructura sindical es compleja y muestra diversa composición según cuáles sean los trabajadores representados, si corresponde al ámbito privado o estatal, o según se trate de instituciones de primer grado (uniones/asociaciones), segundo (federaciones) o tercer grado (confederaciones). La Ley 23551 del año 1988 establece diferentes competencias entre asociaciones de trabajadores que cuentan con el reconocimiento de la autoridad laboral con simple inscripción gremial y las que, además de estar inscriptas, poseen personería gremial[110]. Una vez que se dispone de la personería, las asociaciones de trabajadores poseen atribuciones específicas que involucran el intervenir en negociaciones colectivas y vigilar el cumplimiento de la normativa laboral y de seguridad social.

De este modo, la categoría *acción sindical* incluye los conflictos vinculados con: i) *federaciones*; ii) *sindicatos, uniones y asociaciones* (entre las que se incluye las asociaciones de profesionales); iii) *frentes o coaliciones*. Es decir, por un lado involucra conflictos de las asociaciones de trabajadores más representativas, de primer y segundo grado, las que *a priori* están en condiciones de intervenir en las negociaciones e incidir sobre los salarios de sus representados. Por el otro, incluye los *frentes o coaliciones*, espacios de coordinación de las luchas e impulsados por las organizaciones sindicales.

La categoría *acción no sindical* incluye formas organizativas que no poseen personería gremial (y aun así canalizan los reclamos) (*autoconvocados, asambleas, trabajadores con organización "espontánea"* y *otras agrupaciones no sindicales*); y otras formas susceptibles de no poseer la mayor representatividad (*agrupaciones o listas internas,* y *comisiones internas*). Nuevamente, la *acción no sindical,* no refiere a que no posea vinculación con las organizaciones de trabajadores, sino a que no responde de manera lineal a la *forma sindicato,* aquella que tiene la atribución de representar a los trabajadores en las rondas de negociación de sus ingresos y que, por tanto, no tiene incidencia directa en la determinación salarial.

Una vez definida la variable, puede preguntarse: ¿cuál es la incidencia de los sindicatos en la disputa por los salarios privados en el conflicto laboral de la Argentina actual?

Muy alta. Hay una abrumadora presencia de las organizaciones de la clase, dado que la *acción sindical* explica el 80% del total. Asimismo, las organizaciones de primer grado, *sindicatos, uniones, asociaciones,* explican prácticamente el total de

---

indicar que la dinámica de los conflictos impulsados por autoconvocados, asambleas, o agrupaciones, favorece la conformación de líneas internas dentro de los sindicatos o nuevos gremios (Barrera Insua, 2013).

110 Para conseguir la personería, estas asociaciones deben ser las más representativas en su ámbito territorial y personal de actuación, lo que implica: a) estar inscritas según lo fija la misma ley y haber actuado durante un período no menor a seis meses; b) afiliar a más del 20% de los trabajadores que buscan representar; c) la calificación de más representativa se atribuirá a la asociación que cuente con mayor número promedio de afiliados cotizantes, sobre la cantidad promedio de trabajadores que intente representar. Fuente: Ley 23551, Asociaciones Sindicales. Boletín Oficial de la República Argentina. 1988; XCVI (26.366):1-4.

la mencionada participación: algo más de 7 de cada 10 reclamos (1.533 conflictos registrados entre los años 2006 y 2010) (Cuadro 7).

Cuadro 7. Acción sindical y no sindical en reclamos salariales privados. Años 2006-2010. Argentina.

	(A) Cantidad	%	(B) Cantidad	(A) + (B)	% Acum.
Acción sindical	1671	81	220	1891	92
Frentes o Coaliciones	54	2,6	7	61	3,0
Federaciones	84	4,1	11	95	4,6
Sindicatos, Uniones, Asociaciones	1533	74,5	201	1734	84,3
Acción no sindical	148	7	19	167	8
Autoconvocados	16	,8	2	18	0,9
Asambleas	1	,0		1	0,1
Trabajadores con organización "espontánea"	70	3,4	9	79	3,8
Otras agrupaciones no sindicales	2	,1		2	0,1
Agrupaciones o listas internas	3	,1		3	0,2
Comisiones Internas o Delegados	56	2,7	7	63	3,1
Sin dato	239	11,6	---	---	---
Total	2058	100	239	2058	100

Nota: La columna (B) distribuye los conflictos "Sin dato" en las restantes categorías bajo la hipótesis que la distribución es la misma que se da en el 90% restante.
Fuente: Elaboración propia con base en datos del MTEySS.

Por otra parte, hay un importante número de registros no clasificados según tipo de organización (*Sin dato*, 11,6%). Como ejercicio, podría pensarse que aquella participación se distribuye de la misma forma que lo hace el 90% de las observaciones restantes. Si así fuese, 9 de cada 10 conflictos por reclamos salariales en el ámbito privado se vinculan con la *acción sindical*, mientras que 8 de ellos responden a las organizaciones de primer grado (columna B).

Por ende, para el período bajo estudio, el *sindicato* aparece como figura excluyente del conflicto salarial. Si bien esto debería sonar lógico, la magnitud de la influencia sindical no deja de llamar la atención dadas las condiciones de precarización del trabajo (35% de los trabajadores sin derecho a sindicalizarse)[111], y la pérdida de peso de la industria o la reducción del número de trabajadores manuales, entre otros cambios que efectivamente ocurrieron y que fueron señalados como causas de la caída del peso de los sindicatos.

---

111 Según datos del MTEySS, el valor promedio de trabajadores no registrados para el período 2006-2010, alcanzó el 38,3%.

Facundo Barrera Insua

Lo cierto es que hacia la segunda mitad de la primera década del siglo XXI, el retroceso de la organización sindical en la Argentina evidenciado durante los noventa, lejos estuvo de desplazarla a un segundo plano.

III.III. La participación de los trabajadores en la acción sindical

Hasta el momento se ha visto que la organización sindical es la protagonista principal en el impulso y sostenimiento del conflicto. Para completar el cuadro, resulta interesante conocer cuál es la participación de los trabajadores en el marco de la *acción sindical* y por fuera de ella, sobre todo ante los planteos de caída en el compromiso de afiliación y la necesidad de contemplar la participación en actividades sindicales. No se está evaluando el compromiso de afiliación, trabajadores sindicalizados y no sindicalizados, sino los participantes en conflictos impulsados por los tipos de organización consignados en la categoría *acción sindical*, o por fuera de ellos. Esto se realiza mediante las variables: cantidad de huelguistas[112], tradicional en la literatura sobre el tema; y jornadas individuales no trabajadas (JINT)[113].

La participación de los trabajadores en el marco de la *acción sindical* se incrementa aún más: del total de huelguistas registrados, el 98% lo hace en el marco de dicha categoría. En cuanto a las jornadas individuales no trabajadas, responden al mismo comportamiento, ya que la participación se eleva hasta el 97% (Cuadro 8)

Cuadro 8. Acción sindical y no sindical en conflictos salariales, huelguistas y jornadas individuales no trabajadas (JINT). Años 2006-2010.

Categoría\Variables	2006-2010		
	Conflictos	Huelguistas	JINT
Acción Sindical	92%	98%	97%
Acción No Sindical	8%	2%	3%
Total	100%	100%	100%

Fuente: Elaboración propia con base en datos del MTEySS.

Los *Frentes* o *Coaliciones* son responsables del incremento porque contemplan los conflictos de mayor masividad: si bien representan menos del 10% de los conflictos, adicionan un 34% de huelguistas, y un 39% en las JINT. Tal como indica su nombre, los frentes implican niveles superiores de coordinación de los trabajadores

---

112 El dato sobre huelguistas es una estimación de los trabajadores comprendidos en el conflicto, a partir de lo publicado en los medios relevados.

113 Las jornadas individuales no trabajadas resultan de multiplicar la cantidad de huelguistas de cada conflicto por la duración de los conflictos con paro. De esta manera, resume la información de variaciones en la cantidad de conflictos, huelguistas y duración de los paros (Chiappe & Spaltenberg, 2010).

que expresan mayor unidad en la acción y gran participación. Como ejemplo, aquí aparecen los conflictos del Frente Gremial Docente de la Provincia de Buenos Aires, el cual engloba varios sindicatos del sector, y suele ser el espacio de coordinación desde el que se impulsan las reivindicaciones salariales.

Una vez discutida la negociación colectiva y la acción sindical, en la próxima sección se propone una integración de ambas facetas del conflicto con la intención de dimensionar el límite inferior de los salarios.

IV. El límite inferior: La acción sindical, el incremento del conflicto y su institucionalización

El límite superior, vinculado con la dinámica de acumulación del capital, establece el mapa de posibilidades de incremento de los salarios, tal como se explicó en el capítulo previo. Sin embargo, para obtener un panorama completo de la determinación salarial, es importante tomar en cuenta la dinámica en torno al límite inferior efectivo, asociado con los conflictos salariales impulsados por los trabajadores organizados que pueden tener incidencia sobre las empresas y la política estatal.

Los años incluidos en la propuesta del límite inferior exponen un mercado de trabajo con tasas de desocupación y subocupación por debajo de los dos dígitos, donde se han reactivado instituciones como el salario mínimo y la negociación colectiva. Dichas políticas junto con las menos hostiles problemáticas de empleo, permitieron identificar un mejor escenario para los trabajadores y trabajadoras al momento de impulsar la disputa por sus ingresos.

En términos teóricos, la organización de los trabajadores y su capacidad de disputa son centrales para dar cuenta de los incrementos efectivos en los salarios, más allá de las posibilidades de aumentos diferenciales que muestra el límite superior. Empíricamente, estos elementos son aproximados a través del análisis de la negociación colectiva y los conflictos salariales impulsados por los sindicatos, lo que denominamos *acción sindical*.

La construcción del límite inferior efectivo resulta una tarea compleja, por la diversidad de factores intervinientes[114]. Nuevamente, sin desconocer que es una de las múltiples aproximaciones que se pueden realizar, se propone interpretar que el límite depende de la magnitud del conflicto salarial (presente y pasado), que se encarguen

---

114 No se desconoce que allí convergen no sólo datos vinculados con la acción de las organizaciones de trabajadores y la institucionalización de los conflictos, sino también elementos vinculados con la tradición de lucha de cada sector, los vínculos entre gobierno y sindicatos, los nuevos desafíos sindicales ante las transformaciones en el mundo del trabajo, las diferencias entre base y dirigencia sindical, entre otras variables de tipo político que han sido trabajadas profusamente en estudios sobre el movimiento obrero argentino (Bunel & Cagnolati, 1992; Campione, 2002; Etchemendy, 2011; Etchemendy & Collier, 2007; Marshall, 2001; Marshall & Groisman, 2005; Marshall & Perelman, 2004a; Palomino, 2005; Palomino & Suriano, 2005; Piva, 2006; Santella, 2006).

Facundo Barrera Insua

de impulsar los sindicatos. De allí que sindicatos más fuertes, que aquí se expresa en una mayor cantidad de conflictos y acuerdos salariales en la negociación colectiva, podrán imponer mejores condiciones a la patronal, obtener mayores incrementos salariales, y un "piso" salarial más elevado.

Inicialmente, la propuesta consiste en vincular la dinámica de los conflictos con la negociación colectiva, dado el supuesto de que los hacedores de política toman decisiones como resultado de las disputas pasadas y presentes que se dan a nivel sectorial. De esta manera se busca aproximar la dimensión del límite inferior de la variación salarial.

El marco de regulación del salario, puede favorecer o perjudicar el accionar de los trabajadores. Es decir, el Estado puede convalidar/no convalidar los incrementos de ingresos exigidos por los trabajadores. En buena medida, la "institucionalización" del conflicto salarial se expresa en la negociación colectiva dado que allí, bajo la mediación estatal, se cristalizan los acuerdos que contemplan la correlación de fuerzas sociales. Así, la *acción sindical* (AS) y las negociaciones colectivas (NC) a nivel sectorial, se proponen como indicador *proxy* del poder de negociación sindical.

Los años que siguen a la crisis, muestran un aumento de los conflictos laborales en la Argentina. En el período que se extiende entre los años 2006 y 2010, la AS aparece como principal responsable de aquella revitalización, puesto que en una opción conservadora (sin contemplar los registros "sin dato"), impulsa 8 de cada 10 reclamos vinculados con demandas salariales, es decir, un total de 1.671 conflictos. Por otra parte, la reactivación de la NC (vía número de trabajadores cubiertos), implica que en 2007 se alcancen los 4 millones de trabajadores, y se mantenga estable hasta 2012. La mayor conflictividad laboral centrada en demandas salariales se cristaliza en un aumento significativo del número de convenios colectivos y de la cobertura de los mismos.

Es decir, el conjunto de los trabajadores organizados recupera la centralidad del conflicto y se encuentran en mejores condiciones en relación a los años de consolidación del neoliberalismo. Sin embargo, interesa conocer las diferencias que aparecen en la dinámica por sectores.

Los conflictos del período exhiben una significativa concentración sectorial, donde 7 de cada 10 son explicados por dos de los sectores estudiados: *Transporte y Comunicaciones (38%)* y la *Industria Manufacturera (32%)*, registrándose un total de 542 y 452 conflictos, respectivamente. En el otro extremo figura el sector *Agricultura, ganadería, caza, silvicultura y pesca*, el cual representa el 4% del total, con 56 conflictos. Luego, en una situación intermedia aparecen los sectores *Electricidad, gas y agua* (11%), *Construcción* (8%), y *Minas y canteras* (7%).

Las negociaciones colectivas consumadas entre los años 2006-2010, refuerzan los resultados anteriores. La Industria y el Transporte concentran tres cuartas partes del total con el 43% y el 32%, respectivamente. Mientras que los registros más bajos se encuentran en el sector Agropecuario (3%) y la Construcción (2%). Por otra parte, si bien distante de los sectores de mayor ritmo negocial, en este caso, Suministro de electricidad, gas y agua, se diferencia de los menos dinámicos y aparece en torno al centro de la distribución con un 15% de las negociaciones (Gráfico 22).

Gráfico 22. Acción sindical y Negociación Colectiva. Ramas seleccionadas. Términos porcentuales. Años 2006-2010.

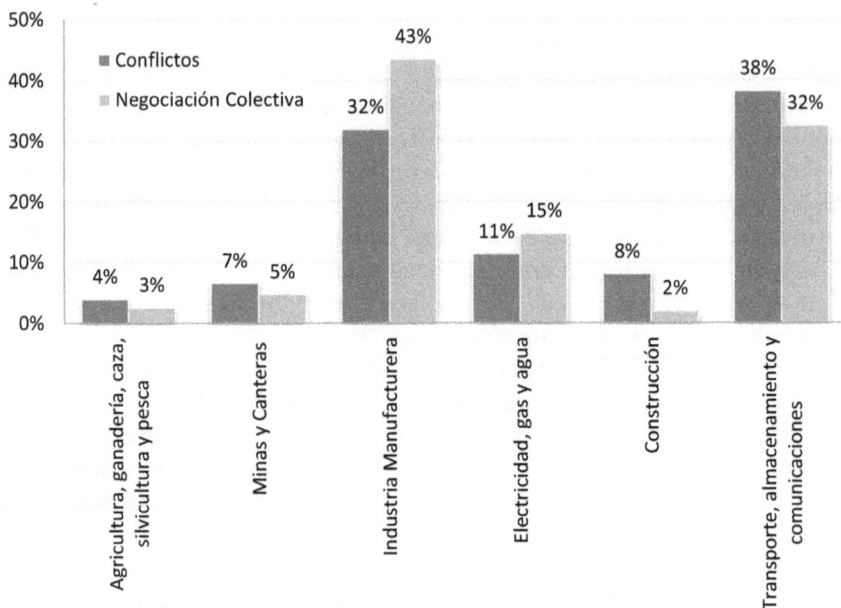

Fuente: Elaboración propia en base a datos del MTEySS.

Las categorías NC y AS, tomadas conjuntamente, permiten dimensionar el límite efectivo inferior. Tal como se hizo en el caso del límite superior, los valores sectoriales se comparan con el valor mediano del límite inferior, el que involucra al total de sectores[115]. Seguidamente, al comparar la cantidad de AS y el número de NC de cada sector, con el valor mediano del límite inferior, se puede encontrar los sectores que poseen un límite alto o bajo (Cuadro 9).

---

115 Al igual que en el capítulo V se utiliza la mediana como medida de posición central. Dado que el número de sectores económicos es par, por convención, el valor de la mediana se calcula como la media aritmética de los datos centrales (Blalock, 1994).

Cuadro 9. Límite inferior efectivo a la variación salarial: acción sindical y negociaciones colectivas por rama de actividad. Años 2006-2010.

Rama	Límite inferior		Resultado (expresa la diferencia entre el límite y el valor mediano)
	AS	NC	
Agricultura, ganadería, caza, silvicultura y pesca	56	122	-
Minas y Canteras	93	228	-
Industria Manufacturera	452	2082	+
Suministro de electricidad, gas y agua	161	707	+
Construcción	114	95	-
Transporte, almacenamiento y comunicaciones	542	1554	+
Valor mediano del límite	138	468	

Fuente: Elaboración propia en base a datos de MTEySS.

La columna de resultados del cuadro contiene los límites sectoriales por encima (por debajo) del valor mediano con un signo positivo (signo negativo). La correspondencia es directa: allí donde el número de conflictos impulsados por la acción sindical se ubica por encima del valor mediano, las negociaciones colectivas efectuadas también son mayores que su correspondiente medida de tendencia central. Bajo este esquema, la Industria, el Transporte y el sector de servicios públicos (este último con valores apenas por encima), aparecen como los sectores que se encuentran en mejores condiciones para disputar los salarios.

Sin embargo, dado que la magnitud de cada rama de actividad es una variable transcendental en relación con la magnitud del conflicto, se vuelve necesario vincular la cantidad de acciones con el empleo sectorial (valor promedio del número de puestos de trabajo registrados[116] durante el período 2006-2010) (Cuadro 10)[117].

---

116 Se opta por seleccionar sólo los puestos de trabajo registrados, por dos motivos. En primer lugar, son los trabajadores formales los que se encuentran en condiciones de sindicalizarse. En segundo lugar, si bien de la acción pueden participar trabajadores sindicalizados o no, a modo de hipótesis, parece coherente pensar que es esta fracción de los trabajadores la que tiene como principal demanda el salario, y no las condiciones de trabajo (como en el caso de los trabajadores no registrados).

117 Los valores que se presentan en la columna de conflictos ponderados son sumamente bajos producto de su propia construcción (son el resultado del cociente entre el número de conflictos y la cantidad de empleados promedio por sector). Por tanto, dichas cifras no son analizables por sí mismas, sino en relación con el valor mediano del límite.

Cuadro 10. Límite inferior efectivo a la variación salarial: acción sindical ponderada según empleo por rama de actividad. Años 2006-2010.

Rama	Límite inferior		Conflictos ponderados	Resultado (expresa la diferencia entre el límite y valor mediano)
	conflictos	empleo		
Agricultura, ganadería, caza, silvicultura y pesca	56	353.915	0,0002	- -
Minas y Canteras	93	60.186	0,0015	+
Industria Manufacturera	452	1.168.607	0,0004	-
Suministro de electricidad, gas y agua	161	54.885	0,0029	++
Construcción	114	420.154	0,0003	-
Transporte, almacenamiento y comunicaciones	542	481.703	0,0011	+
Valor mediano del límite			0,0008	

Fuente: Elaboración propia en base a datos de MTEySS.

El resultado que arrojan los conflictos ponderados por el empleo sectorial, mantiene lo destacado previamente, aunque con dos excepciones: Minas y Canteras, y la Industria Manufacturera. En el caso de la minería, baja dotación de trabajadores (alta intensidad de uso del capital) cambia el signo, por lo que ahora se observa un elevado límite inferior para el sector. Mientras tanto, en el caso de la Industria sucede lo contrario: la significatividad de los conflictos cae al ser puestos en relación con la magnitud de trabajadores de la Industria, la mayor entre los sectores seleccionados (1.168.607).

Por otra parte, si bien en el sector de servicios públicos (electricidad, gas y agua) el límite inferior se encontraba por encima del valor mediano, una vez ponderado por el empleo, al tener un empleo relativamente bajo (54.885), se torna el sector más conflictivo y llega a duplicar la conflictividad del que sigue (Minas y Canteras).

En suma, se puede destacar que luego de incorporar al análisis el valor de los conflictos en relación con la cantidad de trabajadores del sector, una variable decisiva, se mantienen dos terceras partes de los resultados obtenidos en la relación entre acción sindical y negociación colectiva.

Los cambios en los signos resultan lógicos en un mismo sentido. Como quedó expresado en diversas oportunidades, la Industria es el escenario clásico de disputa, por lo que el abultado número de NC es un resultado lógico de una dinámica institucionalizada del conflicto, que probablemente conduzca a evitar otros tantos. Al mismo tiempo, no se puede subestimar la heterogeneidad sectorial, por lo cual dicho número de negociaciones también es expresión de la diversidad de sectores que contiene. En cuanto a la Minería, el desarrollo reciente de la actividad en la Argentina, puede estar expresando la situación inversa: se vuelve necesario recurrir al conflicto para buscar la institucionalización de los reclamos salariales vía acuerdos colectivos.

Facundo Barrera Insua

Por último, tal como se hizo con el límite superior efectivo, el Cuadro 11 vincula los resultados con la estructura salarial, para observar en qué sectores las organizaciones sindicales obtienen un mayor número de conquistas expresadas en límites inferiores efectivos o "pisos" salariales altos, y viceversa.

Cuadro 11. Límite inferior efectivo a la variación salarial por rama de actividad y estructura salarial. Argentina. Años 2006-2010.

Ramas	Límites inferior	Estructura salarial
Agricultura, ganadería, caza, silvicultura y pesca	- -	Salario bajo
Minas y Canteras	+	Salario alto
Industria Manufacturera	-	Salario bajo
Suministro de electricidad, gas y agua	++	Salario alto
Construcción	-	Salario bajo
Transporte, almacenamiento y comunicaciones	+	Salario alto

Nota: La estructura salarial expresa el salario medio de cada sector para los años 2006-2010.
Fuente: Elaboración propia en base a datos de MTEySS y EPH (INDEC).

El vínculo exhibe correspondencia total. Allí donde el conflicto es alto, también lo es el salario, y a la inversa. Hay variadas interpretaciones de por qué el sindicalismo argentino mantiene el poder estructural en la definición de los salarios: desde la reconversión de la identidad sindical hacia la provisión de servicios, la estrategia defensiva de no negociar nuevos convenios en períodos netamente desfavorables, hasta las nuevas formas de organización y acción por fuera de la fábrica (Murillo, 2000; Svampa, 2008). Las categorías acción sindical y negociación colectiva, sintetizadas en el límite inferior efectivo, así lo afirman.

Por último, este resultado no debe ser leído desvinculado de lo que sucede con las condiciones de acumulación del capital, más específicamente, el límite superior efectivo. El corrimiento del límite superior al ampliar las posibilidades de otorgar incrementos salariales, relaja la resistencia de la patronal a otorgarlos. Por tanto, esta dimensión analizada de manera aislada, puede conducir a interpretaciones erróneas sobre el poderío sindical.

Reflexiones finales

El conflicto laboral presenta una tendencia creciente en la segunda mitad de la década pasada, y la acción sindical ha sido una pieza clave del proceso. A pesar de que por condiciones políticas y económicas, el modelo de negociación sindical se vio impactado desde la Dictadura Cívico-Militar hasta la crisis económica y social de 2001, a partir del año 2003 se abrió un período de rápida recuperación.

Más allá de las explicaciones por las que el sindicalismo argentino no pierde poder estructural, la negociación colectiva y la acción sindical ratifican el fenómeno, que además es coherente con registros de tasa de sindicalización no afectada sobremanera.

Lo cierto es que en el retorno de la negociación de salarios conviven varios factores. En primer lugar, en la etapa comienza a desarticularse el marco institucional débil que da libertad a los actores (empresarios y trabajadores) y favorece al poderoso. Las políticas activas de regulación salarial directas (a través de aumentos salariales de suma física o el smvm), o indirectas (vía la negociación colectiva), incrementan las posibilidades de éxito de los conflictos por los salarios impulsados por las organizaciones sindicales. Desde luego, restan elementos claves del articulado institucional: una negociación sostenida en acuerdos a nivel de empresa (viabiliza la individualización de la negociación e incrementa el vínculo a productividad), y un sector importante de trabajadores precarizados, aislados al menos de manera directa, de las conquistas que pueden conseguirse.

Por otra parte, la evidencia es contundente en torno al rol sindical en la disputa salarial y vale la pena señalar algunos resultados que lo confirman. Primero, los conflictos vinculados con la *acción sindical* representan una abrumadora mayoría. Las organizaciones de la clase trabajadora capaces de sentarse ante la autoridad pública y representantes de la patronal a negociar (sin considerar las de segundo nivel, asociaciones de profesionales o en frentes), impulsan 7 de cada 10.

Segundo, a partir de la caída en el compromiso de afiliación y la pérdida del derecho a sindicalizarse producto de la precarización de la fuerza de trabajo, los estudios sobre el poder de negociación sindical comienzan a hacer hincapié en la participación de los trabajadores. Analizada mediante la variable *huelguistas*, y duración de los conflictos con paro (sintetizadas en las *jornadas individuales no trabajadas*), los resultados son aun más contundentes: la masividad de los conflictos que involucran los *frentes o coaliciones* sindicales, en búsqueda concreta de unidad en la acción, implica que se elevan los porcentajes hasta explicar prácticamente la totalidad del conflicto salarial.

Por último, aunque no menos importante, surge una importante correspondencia entre conflictos presentes y pasados. Es decir, donde hay más acciones sindicales, es también el sector económico donde más negociaciones colectivas son homologadas. El ordenamiento final según el empleo registrado sectorial, establece que los límites inferiores altos, es decir, aquellos donde los sindicatos fijan mejores condiciones, corresponden a los sectores *Suministro de electricidad, gas y agua*, *Minas y canteras*, y *Transporte, almacenamiento y comunicaciones*. Mientras tanto, los sectores de la *Industria*, la *Construcción* y el *Agropecuario*, son los que muestran las peores condiciones para buscar incrementos salariales, y parten de un piso más bajo.

Por último y no menos importante, la correspondencia entre el límite inferior y la estructura salarial indica que el mayor poder de negociación sindical se relaciona con salarios medios altos de los trabajadores del sector y a la inversa. De esta manera, las condiciones diferenciales de organización y lucha de los trabajadores, expresadas en la negociación colectiva y la acción sindical, dan como resultado sindicatos con distintas posibilidades de conseguir incrementos salariales y, por tanto, aparecen como una fuente que favorece la disparidad salarial.

Una lectura rápida de este corolario puede llevar a sobredimensionar el poder de fuego de las organizaciones de trabajadores, al restar importancia a lo que sucede con los intereses de la clase dominante durante el período. Lo visto en los capítulos previos en relación con la mejor situación en la que se encuentran los capitales dominantes y dependientes de las ramas de actividad estudiadas, las ganancias de productividad y, consecuentemente, el mayor volumen de ganancias, reordena el planteo. Sin embargo, conservemos esta inquietud para el capítulo siguiente donde integraremos el análisis y discutiremos este punto en particular.

CAPÍTULO 7 /

A modo de cierre: la dinámica del capital y la acción sindical como fuerzas de la desigualdad

Desde hace tiempo, Latinoamérica es destacada por ser la región más desigual del planeta. La nueva ola globalizadora de la década de 1970 conlleva la profundización del rol como exportadora de mercancías de las industrias extractivas, y la problemática de inequidad se complejiza más y más.

En Argentina, el programa de la Convertibilidad impuesto por los sectores dominantes ahonda la reestructuración iniciada en los años setenta, y tiene éxito al lograr que el conjunto de los sectores del capital se alineen al proyecto hegemónico del gran capital concentrado y transnacionalizado. El salto en el nivel de las ganancias de las más grandes empresas a partir de la salida del sistema de tipo de cambio fijo en el año 2002 (se rompe la paridad un peso igual a un dólar), es una expresión de esta situación.

La contracara, desde luego, es el panorama desolador que deja la aguda crisis económica y social que tiene epicentro en el año 2001. Sin importar la categoría que se analice, desocupación, informalidad, desigualdad, todos exhiben los registros más elevados desde que se cuenta con información de encuestas de hogares en el sistema estadístico nacional.

A comienzos del siglo XXI se da un proceso de "inflexión distributiva" que abarca a la Argentina y a los principales países de la región. Luego de la crisis del proyecto neoliberal, en un novedoso escenario internacional con elevados precios de los *commodities* y con caída de los costos unitarios de producción (provecho de una devaluación en torno al 40%), hay un relanzamiento de la acumulación y los indicadores sociales comienzan a mejorar. La desigualdad de ingresos al interior de la clase trabajadora, comienza a reducirse en sus múltiples facetas.

Sin embargo, la desigualdad salarial entre trabajadores de distintas ramas de actividad no replica la tendencia decreciente, en contraste con otras dimensiones como calificación y región, también vinculadas con la órbita macroeconómica. Este comportamiento diferencial promueve el estudio de sus determinantes particulares. Entonces, ¿cuáles son los factores que hacen que en un contexto general de descenso de la desigualdad, dicha faceta de la inequidad ostente mayor *estabilidad*? En otras palabras, ¿cómo explicar la dinámica diferencial de la desigualdad salarial sectorial?

En primer lugar, a partir de una lectura crítica de los marcos teóricos previos se sostuvo la necesidad de contar con un marco de análisis apropiado para interpretar el fenómeno. El punto de partida del enfoque es la *competencia capitalista*. La competencia entre sectores económicos es un proceso caótico, donde los capitales individuales disputan una mayor participación del mercado. La tecnología es la principal arma de lucha. Las más grandes empresas, los *capitales reguladores* en cada uno de los sectores de producción, invierten en investigación para ganar participación en ventas y desplazar a las competidoras.

El proceso turbulento se rige en todo momento por los diferenciales de tasas de ganancias entre ramas: las de mayor rentabilidad atraen capitales, las de menor ganancia favorecen la migración. La movilidad de capitales produce una tendencia a la igualación de las tasas de ganancia entre ramas, aun cuando dentro de cada rama existan empresas más y menos rentables. La tendencia a la igualación de tasas entre los capitales más competitivos es un fenómeno producto del movimiento entre sectores, pero que no redunda en un estado estacionario. La propia dinámica de la inversión, con su permanente reproducción de las disparidades tecnológicas, impulsa una y otra vez los movimientos des igualadores de tasas.

Luego, a partir de enfoques que consideran los límites de variación de los salarios por sector, muchos de ellos enclave de largo plazo, se adaptó a un enfoque de corto plazo.

La dinámica de la competencia capitalista permite interpretar el movimiento en tasas de ganancia sectoriales como determinante central del límite teórico superior de los salarios. Es decir, los incrementos salariales no podrán ir por encima del nivel que comprima la tasa de ganancia al punto de cuestionar el normal desenvolvimiento de la acumulación. Al pensar el corto plazo en el marco de las relaciones capitalistas de producción, donde son los dueños de esos factores quienes detentan el poder, si bien el límite teórico es una referencia ineludible, vale la pena pensar en un límite efectivo que involucra márgenes de ganancia superiores y estables.

Por su parte, el límite teórico inferior a la variación salarial se construye a partir de diversas categorías que tienen como denominador común el valor de la fuerza de trabajo propuesto por Marx. Así, aparecen acepciones vinculadas a la "ley de hierro" de los salarios, las condiciones de vida determinadas por circunstancias sociales e históricas, e incluso conceptos que refieren a que la masa salarial total no logra cubrir el valor de los bienes y servicios necesarios para la reproducción del trabajador y su familia. Si bien algunas interpretaciones hacen alusión a la *lucha de clases* como categoría relevante para entender el componente histórico del valor de la fuerza de trabajo, en todas aparece una preeminencia de las determinaciones vinculadas con la órbita del capital. Es decir, en análisis que podrían interpretarse como de largo plazo, donde la dinámica de la acumulación reproduce de manera permanente el *ejército industrial de reserva*, los trabajadores organizados ven dificultadas las condiciones en las que se libra la disputa, pierden poder, y por tanto, son menores las posibilidades de obtener conquistas materiales. Inclusive, en las economías latinoamericanas, probablemente ni siquiera puedan "defender" una canasta de bienes garante de la reproducción.

Lo cierto es que este tipo de interpretaciones deja en un lugar secundario las posibilidades de incidencia de los sindicatos, por lo cual la determinación salarial deja de ser contingente, relativa a la relación de fuerzas sociales y la forma concreta que toman las políticas públicas (también relativas a esa misma relación), para ser explicada exclusivamente por la dinámica del capital. Además, en el corto plazo, la acción sindical tiene poco que hacer, dado que el valor de la fuerza de trabajo es interpretado exógeno. Así, el *límite inferior* se convierte en *límite superior*.

De esta forma, la dinámica de la organización y acción sindical, vía conflictos pasados y presentes, incide en la determinación de los salarios en el corto plazo. El valor de la fuerza de trabajo (límite teórico inferior), establece un "piso" desde el cual las organizaciones sindicales instrumentan los reclamos salariales. Si bien el límite teórico es un valor de referencia común, las distintas condiciones de organización y magnitud del conflicto, en diferentes sectores económicos, imponen una segunda fuerza de diferenciación salarial.

Por otra parte, las políticas públicas expresan la condensación de las fuerzas sociales contradictorias que representan los intereses de empresarios y trabajadores. Así, la política estatal es el resultado del poder que ejercen a través del Estado quienes, con diversas estrategias, logran direccionar sus decisiones sobre el empleo y los salarios a su favor. Resalto aquí que este aspecto es materia de análisis, dado que ningún Estado garantiza planamente la reproducción del capital, pues reconoce la oposición de la clase trabajadora organizada.

En síntesis, la contribución teórica fue la de lograr una articulación entre tres aspectos vinculados a la determinación salarial por sector de actividad: la dinámica de la competencia capitalista (determinante del límite superior), el conflicto de clases y la política estatal (determinantes del límite inferior).

En segundo lugar, se propuso abordar el problema desde una perspectiva cuantitativa que implicó repensar las categorías teóricas en términos de sus dimensiones empíricas. En este sentido, los aportes concretos se emparentaron con el cálculo de cada uno de los límites efectivos y la utilización del enfoque analítico junto con los indicadores desarrollados, con objeto de estudiar la desigualdad salarial entre trabajadores de distintos sectores económicos de la Argentina, entre los años 2003-2012.

El proceso de acumulación de capital en la Argentina se encuentra impulsado por los capitales dominantes que operan en el ámbito local, y lo que suceda en términos de ganancias para las posiciones líderes, al menos durante el período analizado, se reproduce para el resto de los capitales del sector. Dichas empresas detentan los métodos de producción más eficientes, por lo que poseen una estructura de costos inferior, márgenes de ganancia superiores y el poder para gravitar en la determinación de precios y salarios.

El estudio de las condiciones de acumulación de los grandes capitales permitió ver la posición dominante en el proceso competitivo. Durante las últimas dos décadas, la tasa de ganancia de las 500 empresas privadas más grandes de la Argentina tiene un fuerte correlato en la tasa de crecimiento del producto: cuando estas empresas ganan y producen más, la economía crece, y a la inversa. La crisis es una oportunidad, en especial para las empresas en mejores condiciones para competir, las que ven perecer a sus rivales y crecen en tamaño. La salida de la Convertibilidad, además, les permitió licuar deudas y disminuir los costos de producción nominados en pesos, lo que produjo un "salto" en sus ganancias. A un ritmo menor y sin cambio en el nivel, las ganancias de las empresas dependientes de la órbita nacional también recibieron mayores beneficios, y en conjunto, esto se expresó en las "tasas chinas" de crecimiento de producto.

El quinquenio 2003-2007 es un período de "todos ganan". Desde ya, en esta sociedad siempre unos ganan más que otros: al tiempo que se recuperaron los salarios en términos reales, el ritmo aun más elevado del incremento de las utilidades (favorecidas por una productividad laboral en constante crecimiento), implica un empeoramiento de la distribución entre patrones y trabajadores de la elite empresarial.

Las condiciones de acumulación de los capitales dominantes dieron un marco general para analizar la competencia sectorial en la Argentina. El desenvolvimiento de los capitales líderes que impulsan el proceso de acumulación en cada sector económico, permitió avizorar el primer resultado: durante los años 2003-2012, para el conjunto de los capitales del país existieron crecientes posibilidades de otorgar incrementos salariales. En la batalla de todos contra todos fundada en la competencia entre ramas de actividad crecieron las tasas de ganancia, con la excepción de *Suministro de electricidad, gas y agua*, que desde los años noventa mantiene una dinámica de relativa independencia respecto del ciclo económico nacional. Además, diferencias sectoriales también se ensancharon: en el nuevo patrón de acumulación, las especificidades sectoriales (incorporación de tecnología en el sector agrícola, *boom* de los *commodities* y política pública de subsidios), tuvieron mayor peso y generaron trayectorias en las ganancias crecientemente divergentes.

Aunque las tasas de ganancias sean un componente principal del límite superior efectivo, también debe contemplarse la distinta intensidad de uso de capital y fuerza de trabajo. En concreto, una vez calculados los límites superiores a la variación salarial se pudo ver un incremento general transversal: es decir, el conjunto de las ramas de actividad en los años 2000, dadas sus características productivas y dinámicas de acumulación, detentaron mayores posibilidades de otorgar incrementos salariales respecto de los años noventa. De todos modos, la evolución singular de cada límite muestra que *Minas y Canteras*, *Transporte* y *Agricultura* obtuvieron los aumentos más significativos, y aparecen como principales beneficiarios dentro del patrón de acumulación vigente.

En lo que se refiere al límite inferior efectivo de los salarios, las categorías seleccionadas para construir el indicador, en particular la acción sindical da cuenta del rol sindical excluyente en el conflicto salarial actual. La negociación colectiva y la acción sindical expresaron de manera coherente la conflictividad por sector: allí donde más acciones sindicales se produjeron, es donde más negociaciones colectivas son homologadas. Empero, estos valores toman mayor sentido al relacionarlos con la magnitud, en términos de empleo, de cada uno de los sectores. De esta manera, el ordenamiento de los límites inferiores presenta a *Suministro de electricidad, gas y agua*; *Minas y Canteras*; y *Transporte, almacenamiento y comunicaciones*, como aquellos donde los sindicatos fijan un piso salarial elevado. Mientras tanto, la *Industria*, la *Construcción* y el sector *Agropecuario*, son los que muestran las peores condiciones para conseguir incrementos salariales.

En tercer y último lugar, el análisis de cada uno de los límites efectivos por separado, permitió destacar la coherencia de estos resultados con la estructura salarial, y en ese sentido, explorar la tesis de que ambos funcionan como fuentes de desigualdad. Sin embargo, se ha dicho anteriormente que la lectura del fenómeno de la desigualdad salarial entre ramas, debe enfatizar la interacción de factores económicos que dan cuenta del proceso general de acumulación de capital, y factores políticos ligados al conflicto distributivo y su expresión en la política estatal.

Al compendiar los resultados alcanzados en los dos últimos capítulos, se logra relacionar ambos límites con los salarios efectivos para cada rama de actividad en el período estudiado (Cuadro 12).

Cuadro 12. Interacción entre el límite efectivo superior, inferior y salarios medios efectivos por rama de actividad.

Rama	Límite superior efectivo	Límite inferior efectivo	Estructura salarial
Agricultura, ganadería, caza, silvicultura y pesca	+	- -	Salario bajo
Minas y Canteras	++	+	Salario alto
Industria Manufacturera	-	-	Salario bajo
Suministro de electricidad, gas y agua	-	++	Salario alto
Construcción	- -	-	Salario bajo
Transporte, almacenamiento y comunicaciones	+	+	Salario alto

Nota: Los signos dobles (++) y (--) indican la condición de máximo y mínimo de la distribución.
Fuente: Elaboración propia.

La lectura del cuadro de síntesis permite reafirmar que los salarios efectivos dependen de la interacción de ambas variables relevantes. Para verlo destacaremos los dos tipos de relaciones existentes. La primera de ellas, ya trabajada, es el caso en el que los signos presentan la misma dirección. Donde el límite superior y el inferior son altos (bajos), el salario se ubica por encima (por debajo) de la mediana. Resulta lógico que allí donde existen mayores posibilidades de otorgar incrementos salariales, y mejores posibilidades de encarar las demandas, los salarios sean superiores. Hasta aquí no es más que reponer lo visto.

Sin embargo, en el análisis de cada dimensión por separado, aparecían situaciones "anómalas", o mejor dicho, no explicables bajo el razonamiento señalado. Estos eran los casos en los que los signos presentaban condicionalidades diferenciales (servicios públicos y minas). ¿Cómo explicar, entonces, lo que pasa con la situación salarial del sector? Pues bien, aunque sin duda las explicaciones no se agotan aquí, el análisis integral permite avanzar en una propuesta donde se tome en cuenta la *magnitud* de cada límite.

En el sector de *Suministro de electricidad, gas y agua,* aparece un límite superior efectivo bajo, uno inferior alto, el mayor de todos los casos estudiados. El hecho de exhibir el doble de conflictos ponderados que el segundo, o casi alcanzar el cuádruple de conflictos que el valor medio del límite, permite sugerir que allí se impone el poder de fuego sindical al conseguir incrementos salariales, a pesar de lo que sucede en la órbita del capital. Desde luego, no es una situación donde las empresas del sector estén "yendo a pérdidas", pero sí donde a pesar de sus condiciones económicas (tasas de ganancias menores a las de los años noventa), las conquistas refrendadas en convenios colectivos y la frecuencia de la acción sindical las obligan a sostener sueldos más altos.

La situación inversa se presenta en el sector agropecuario, límite superior efectivo elevado y el inferior bajo, el más bajo de la serie. En un contexto donde las ganancias sectoriales son inéditamente altas, los trabajadores organizados no han logrado a partir del accionar pasado (promedios anuales bajos en convenios colectivos firmados) o presente (número despreciable de acciones sindicales registradas), arrebatar parte de esos beneficios y colocar sus salarios por encima de la mediana de la distribución.

En definitiva, la aproximación planteada propone una elaboración compleja de la determinación de los salarios en las diferentes ramas de actividad, en la que las fuerzas vinculadas con la dinámica de uno y otro límite de variación, favorecen condiciones de diferenciación salarial. Una interpretación basada exclusivamente en la dinámica de la competencia capitalista y los diferenciales de ganancias entre ramas, no permitiría explicar las limitaciones de ciertos colectivos de la clase trabajadora para incrementar sus salarios (por ejemplo, la situación que se vive en el "campo"). En igual sentido, una interpretación centrada únicamente en el conflicto, tampoco podrá dar cuenta de cambios distributivos a favor de los trabajadores cuando las condiciones del capital al parecer no son las óptimas, como en los servicios públicos.

Sin lugar a dudas los elementos presentados para interpretar la desigualdad salarial en la Argentina, deben ser complementados, enriquecidos, cuestionados. Los trabajadores y trabajadoras del sector público, la virulencia del conflicto o su "rebote mediático", las tradiciones sindicales, o los vínculos de grupos empresarios con el poder político, solo por poner algunos ejemplos, son aspectos relevantes que quedan por fuera de la explicación por el enfoque y el método elegidos.

Sin embargo, en tanto parte de un proceso colectivo, el estudio no trató de encontrar respuestas únicas sino de multiplicar las preguntas, y conocer más sobre los problemas que aquejan a las trabajadoras y trabajadores de nuestro país.

Por lo exhibido a lo largo del libro, se vuelve necesario jerarquizar una explicación que vincule el carácter permanente de la desigualdad con las propias condiciones de producción y reproducción del sistema económico y social vigente (más allá de las particularidades de cada tiempo y lugar). Una explicación que señale las principales actividades beneficiarias del patrón productivo (y por tanto a las empresas que allí se desenvuelven), y precise cuáles son los trabajadores y trabajadoras más desprotegidos. Porque cuando llegue el tiempo en el que el reclamo por mayores niveles de equidad sea mayoritario, seguramente impulsado por los sectores excluidos del reparto de la riqueza, como primer paso habrá que tener claro las responsabilidades empresarias y las políticas públicas necesarias para apropiar las ganancias extraordinarias, y así trazar un sendero sostenido hacia una sociedad justa y solidaria.

Bibliografía

Agostino, R.J. (2015). Tasa de ganancia en la Argentina de la posconvertibilidad (2002-2012). *Realidad Económica, 291*, 49-76.

Altimir, O., & Beccaria, L. (2001). El persistente deterioro de la distribución del ingreso en la Argentina. *Desarrollo económico*, 589-618.

Arceo, E. (2003). *Argentina en la periferia próspera: Renta internacional, dominación oligárquica y modo de acumulación*. Universidad Nacional de Quilmes Ediciones.

Arceo, E. (2005). El impacto de la globalización en la periferia y las nuevas y viejas formas de la dependencia en América Latina. *Cuadernos del CENDES, 22*.

Arceo, N., González, M., Mendizábal, N., & Basualdo, E. M. (2010). *La economía argentina de la posconvertibilidad en tiempos de crisis mundial*. Buenos Aires: Cara o Ceca.

Atzeni, M., & Ghigliani, P. (2008). Nature and limits of trade unions' mobilisations in contemporary Argentina. *Labour Conflicts in Contemporary Argentina. Labour Again Publications*. Recuperado a partir de [http://www.iisg.nl/labouragain/documents/atzeni-ghigliani.pdf].

Azpiazu, D. (1995). *Las empresas transnacionales de una economía en transición: la experiencia argentina en los años ochenta*. Naciones Unidas, Comisión Económica para América Latina y el Caribe.

Azpiazu, D., & Schorr, M. (2003). *Crónica de una sumisión anunciada: Las renegociaciones con las empresas privatizadas bajo la administración Duhalde* (1ª). Buenos Aires: Siglo XXI.

Barberis, J. (2011). El comportamiento reciente del empleo. *Entrelíneas de la política económica, 5*(28), 15-24.

Barbero, J., & Bertranou, J. (2014). Una asignatura pendiente: Estado, instituciones y política en el sistema de transporte. En C. H. Acuña (Ed.), *Dilemas del Estado Argentino: política exterior, económica y de infraestructura en el siglo XXI* (pp. 191-244). Buenos Aires: Siglo Veintiuno.

Bárcena, A., & Prado, A. (2010). La hora de la igualdad. Brechas por cerrar, caminos por abrir. Santiago: Cepal. Recuperado a partir de [http://www.cepal.org/es/presentaciones/la-hora-de-la-igualdad-brechas-por-cerrar-caminos-por-abrir].

Bárcena, A., Prado, A., Hopenhayn, M., & Amarante, V. (Eds.). (2014). *Pactos para la igualdad: hacia un futuro sostenible*. Santiago de Chile: CEPAL.

Barrera, F. (2012). Valorización y ganancias según tamaño del capital en la Argentina actual (1993-2009). *Más allá del Individuo. Clases sociales, transformaciones económicas y políticas estatales en la argentina contemporánea* (pp. 159-178). Buenos Aires: El Colectivo.

Barrera, F., & López, E. (2010). El carácter dependiente de la economía argentina. Una revisión de sus múltiples determinaciones. En M. Féliz, M. Delledique, E. López & F. Barrera (Eds.), *Pensamiento crítico, organización y cambio social. De la crítica de la economía política a la economía política de los trabajadores y las trabajadoras* (pp. 13-34). Buenos Aires: CECSO / El Colectivo.

Barrera Insua, F. (2013). Conflictos salariales y organización sindical en la Argentina post-convertibilidad. *Documentos y Comunicaciones 2011-2012, 14*, 117-130.

Barrera Insua, F. (2015). La acción sindical en el conflicto salarial de la Argentina post-convertibilidad (2006-2010). *Sociedad y Economía*, (28), 115-136.

Basualdo, E. (2008). La distribución del ingreso en la Argentina y sus condicionantes estructurales. *Memoria Anual*, 307-326.

Basualdo, E.M. (2000). *Concentración y centralización del capital en la Argentina durante la década de los noventa: Una aproximación a través de la reestructuración económica y el comportamiento de los grupos económicos y los capitales extranjeros.* Quilmes: Universidad Nacional de Quilmes.

Basualdo, E.M. (2006). *Estudios de historia económica argentina: Desde mediados del siglo XX a la actualidad.* Buenos Aires: Siglo XXI.

Batalla, D., & Villadeamigo, J.C. (2005). El transporte en la Argentina: una nueva política nacional. *Plan Fénix (FCE-UBA), Buenos Aires.* Recuperado a partir de [http://www.econ.uba.ar/planfenix/docnews/Transporte%20y%20telecomunicaciones/Batalla.pdf].

Beccaria, L., Carpio, J., & Orsatti, A. (2000). Argentina: informalidad laboral en el nuevo modelo económico. En J. Carpio, E. Klein & I. Novacovsky (Eds.), *Informalidad y exclusión social.* Buenos Aires: FCE/SIEMPRO/OIT.

Becker, G. (1964). *Human Capital: A Theoretical and Empirical Analysis, with Special Reference to Education.* New York: National Bureau of Economic Research.

Becker, G. (1972). Schooling and Inequality from Generation to Generation: Comment. *Journal of Political Economy, 80*(3), S252-S255.

Belloni, P., & Wainer, A. (2012). La Argentina en la posconvertibilidad: ¿un nuevo modelo de desarrollo? Un análisis de los cambios y las continuidades en el intercambio comercial. *Documento de Trabajo, 23.*

Belloni, P., & Wainer, A. (2013). La continuidad de la dependencia bajo nuevas formas: la relación entre la restricción externa y el capital extranjero en la Argentina. *Cuadernos del CENDES*, (83), 23-51.

Bennholdt-Thomsen, V. (1981). Marginalidad en América Latina. Una crítica de la teoría. *Revista Mexicana de Sociología, 43*(4), 1505-1546.

Bertranou, F., & Maurizio, R. (2011). The role of labour market and social protection in reducing inequality and eradicating poverty in Latin America. *Available at SSRN 1857705.* Recuperado a partir de [http://papers.ssrn.com/sol3/papers.cfm?abstract_id=1857705].

Blalock, H.M. (1994). *Estadística Social* (5ª). México: Fondo de Cultura Económica.

Blanchflower, D.G., Oswald, A.J., & Sanfey, P. (1992). *Wages, Profits and Rent-Sharing* (Working Paper N° 4222). National Bureau of Economic Research. Recuperado a partir de [http://www.nber.org/papers/w4222].

Bona, L. (2012). Subsidios a sectores económicos en la Argentina de la post convertibilidad: Interpretación desde una perspectiva de clase. *Más allá del individuo. Clases sociales, transformaciones económicas y políticas estatales en la Argentina contemporánea* (1a ed., pp. 103-124). Buenos Aires: El Colectivo.

Botwinick, H. (1993). *Persistent inequalities: wage disparity under capitalist competition.* Princeton: University Press Princeton.

Bowles, S. (1972). Schooling and inequality from generation to generation. *Journal of Political Economy, 80*(3), S219-S251.

Bowles, S., & Gintis, H. (2014). El problema de la teoría del capital humano: una crítica marxista. *Revista de economía crítica*, (18), 220-228.

Bunel, J., & Cagnolati, B. (1992). *Pactos y agresiones: El sindicalismo argentino ante el desafío neoliberal.* Fondo de Cultura Económica.

Burtless, G. (1990). Earnings inequality over the business and demographic cycles. *A future of lousy jobs*, 77-122.

Campione, D. (2002). Estado, dirigencia sindical y clase obrera. *Documento de Trabajo*, (7).

Campos, L., Campos, J., Frankel, J., Campos, M., & Guerriere, S. (2013). *Manual de negociación colectiva.* Ciudad Autónoma de Buenos Aires: Central de Trabajadores de la Argentina.

Casanova, P.G. (1965). *La Democracia en México*. México: Ediciones Era S.A. De C.V.

Castellani, A. (2004). Gestión económica liberal corporativa y transformaciones en el interior de los grandes agentes económicos de la Argentina durante la última dictadura militar. En A. Pucciarelli (Ed.), *Empresarios, tecnócratas y militares: la trama corporativa de la última dictadura* (pp. 173-218). Buenos Aires: Siglo XXI.

Ceceña, A.E. (1996). Tecnología y organización capitalista al final del siglo XX. *La teoría social latinoamericana. Cuestiones contemporáneas*, 4, 211-222.

CENDA (2009). El trabajo en Argentina. Condiciones y Perspectivas. *Informe trimestral, 16*.

CEPAL (1966). *El desarrollo social de América Latina en la postguerra* (2.ª ed.). Buenos Aires: Solar/ Hachette.

Chiappe, M., & Spaltenberg, R. (2010). *Una aproximación a los conflictos laborales del sector docente en Argentina durante el período 2006-2009*. Buenos Aires: Subsecretaria de Programación Técnica y Estudios Laborales, Dirección de Relaciones Laborales del Ministerio de Trabajo, Empleo y Seguridad Social.

CIFRA (2012). Propuesta de un indicador alternativo de inflación. Recuperado a partir de [http://www. centrocifra.org.ar/publicacion.php?pid=55].

Cortés, F. (2001). La metamorfosis de los marginales: discusión sobre el sector informal en América Latina. En V. Brachet (Ed.), *Entre Polis y Mercado: el análisis sociológico de las grandes transformaciones políticas y laborales de América Latina*. México: El Colegio de México.

Cortés, R., & Marshall, A. (1991). Estrategias económicas, intervención social del Estado y regulación de la fuerza de trabajo. Argentina 1890-1990. *Estudios del Trabajo, 1*.

Cortés, Rosalía, & Marshall, A. (1986). Salario real, composición del consumo y balanza comercial. *Desarrollo Económico*, 71-88.

Cruces, G., & Gasparini, L. (2010). Los determinantes de los cambios en la desigualdad de ingresos en Argentina. *Evidencia y temas pendientes. Serie de documentos de trabajo sobre políticas sociales*, (5). Recuperado a partir de [http://2015.unsam.edu.ar/ escuelas/politica/ideas/pdf/Cruces-Gasparini%20 Los%20determinantes%20de%20los%20cambios%20en%20la%20desigualdad%20de%20ingresos%20en%20Argentina.pdf].

Dachevsky, F.G., & Kornblihtt, J. (2011). Aproximación a los problemas metodológicos de la medición de la tasa de ganancia y la renta de la tierra petrolera. *Documento de Jóvenes Investigadores*, (27). Recuperado a partir de [http://biblioteca.clacso.org. ar/Argentina/iigg-uba/20120228050432/ji27.pdf].

Delfini, M., Erbes, A., & Roitter, S. (2011). Participación sindical de los trabajadores en Argentina: principales determinantes y tendencias. *Relations industrielles/Industrial Relations*, 66(3), 374-396.

DESAL (1969). *Marginalidad en América Latina: un ensayo de diagnóstico*. Barcelona: Herder.

Diamand, M. (1972). La estructura productiva desequilibrada argentina y el tipo de cambio. *Desarrollo económico*, 12(45), 25-47.

Diamand, M. (1988). *Hacia la superación de las restricciones al crecimiento económico argentino*. Centro de Estudios de la Realidad Económica.

Dickens, W. (1986). *Wages, employment and the threat of collective action by workers*. National Bureau of Economic Research Cambridge, Mass., USA. Recuperado a partir de [http://www.nber.org/papers/w1856].

Doeringer, P.B., & Piore, M.J. (1985). *Internal labor markets and manpower analysis*. ME Sharpe. Recuperado a partir de [https://books.google.com/ books?hl=es&lr=&id=a8s5YyWkaCwC&oi=fnd&p g=PR7&dq=Internal+Labour+Markets++and++Ma npower++Analysis&ots=qmLoDNJCUX&sig=522 FUw8XaC7xqW1FIjn8gINWJBE].

Dubar, C. (2003). Sociétés sans classes ou sans discours de classe? *Lien social et Politiques*, (49), 35-44.

Dunlop, J.T. (1950). *Wage determination under trade unions*. AM Kelley.

Edwards, P.K. (1993). El conflicto laboral: temas y debates en la investigación reciente. *Cuadernos de relaciones laborales*, (3), 139-192.

Esping-Andersen, G., Friedland, R., & Wright, E.O. (1976). Modes of class struggle and the capitalist state. *Kapitalistate*, 4(5), 186-220.

Etchemendy, S. (2011). *El diálogo social y las relaciones laborales en Argentina 2003-2010: Estado, sindicatos y empresarios en perspectiva comparada.* OIT.

Etchemendy, S., & Collier, R. (2007). Golpeados pero de pie: Resurgimiento sindical y neocorporativismo segmentado en Argentina (2003-2007). *Politics and Society, 35*(3).

Féliz, M. (2011). ¿Neo-desarrollismo: más allá del neo-liberalismo?: Desarrollo y crisis capitalista en Argentina desde los 90. *Theomai: estudios sobre sociedad, naturaleza y desarrollo,* (23), 72-86.

Féliz, M., & López, E. (2010). La dinámica del capitalismo periférico posneoliberal-neodesarrollista: Contradicciones, barreras y límites de la nueva forma de desarrollo en Argentina. *Herramienta, 45.*

Féliz, M., López, E., & Alvarez Hayes, S. (2009). Los patrones distributivos y su articulación con la acumulación de capital en una economía periférica (Argentina, 1995-2007). Un estudio a partir de la Encuesta a Grandes Empresas. *El trabajo como cuestión central.* Buenos Aires: ASET.

Féliz, M., & Pérez, P. (2005). Conflicto de clase, salarios y productividad. Una mirada de largo plazo para la Argentina. *La economía argentina y su crisis (1976-2003). Análisis institucionalistas y regulacionistas.*

Fernández Bugna, C., & Porta, F. (2007). El crecimiento reciente de la industria argentina. Nuevo régimen sin cambio estructural. En B. Kosacoff (Ed.), *Crisis, recuperación y nuevos dilemas. La economía argentina 2002-2007* (pp. 63-105). Santiago de Chile: CEPAL.

Fernández Massi, M., & Barrera Insua, F. (2014). La dinámica salarial en la industria argentina (2003-2012). Un estudio sobre la productividad como límite superior (p. 26). Presentado en VII Jornada de Economía Crítica, Facultad de Ciencias Económicas (UNLP). Recuperado a partir de [https://doi.org/10.13140/2.1.3729.2329].

Fields, G.S. (2004). Dualism in the labor market: a perspective on the Lewis model after half a century. *The Manchester School, 72*(6), 724-735.

Freeman, R.B. (1980). *Unionism and the Dispersion of Wages.* National Bureau of Economic Research Cambridge, Mass., USA.

Freeman, R.B. (1996). Labor market institutions and earnings inequality. *New England Economic Review,* (Special issue), 157.

Freeman, R.B., & Medoff, J.L. (1979). *The two faces of unionism.* National Bureau of Economic Research Cambridge, Mass., USA.

Frege, C.M., & Kelly, J. (2003). Union revitalization strategies in comparative perspective. *European Journal of Industrial Relations, 9*(1), 7-24.

Gaggero, A., Schorr, M., & Wainer, A. (2014). *Restricción eterna: el poder económico durante el kirchnerismo.* Ciudad Autónoma de Buenos Aires: Futuro Anterior Ediciones.

Galbraith, J.K. (1998). *Created Unequal: The Crisis in American Pay.* University of Chicago Press.

Galbraith, J.K., Spagnolo, L., & Pinto, S. (2006). The decline of pay inequality in Argentina and Brazil following the crises and retreat from the neo-liberal model. *Gestão Pública e Cidadania, 123.*

Galván, C.G. (1982). El proceso capitalista de producción y reproducción de las disparidades tecnológicas. *El Trimestre Económico, 49*(195(3)), 525-562.

García, J.C.L., Aller, R.A., & Arce, M.U. (2003). Diferencias salariales en España: un análisis sectorial/regional. *Investigaciones regionales: Journal of Regional Research,* (3), 5-24.

Ghibaudi, J.W. (2013). ¿Conflictos con clase? Dos casos de estudio de organizaciones de desempleados en la Argentina de la década de 2000. *Grèves et conflits sociaux, Approches croisées de la conflictualité (du XVIIIe siècle à nos jours)* (pp. 513-519). Dijon, France: Université de Bourgogne.

Gigliani, G., & Michelena, G. (2013). Los problemas estructurales de la industrialización en la Argentina. *Realidad Económica, 278,* 55-74.

Giordano, O., & Torres, A. (1997). *Las instituciones laborales en el contexto de las reformas estructurales en el empleo en la Argentina.* Buenos Aires: FIEL.

Godio, J. (2000). *Historia del movimiento obrero argentino: 1870-2000* (Vol. 1). Ediciones Corregidor.

Gómez, M. (2000). Conflictividad laboral y comportamiento sindical en los 90: transformaciones de clase y cambios en las estrategias políticas y reivindicativas. *Seminario PESEI-IDES*. Buenos Aires.

Gorz, A. (1990). The new agenda. *New left review, 184*, 37-46.

Gramsci, A. (2004). *Antología, Siglo XXI* (1ª). Buenos Aires: Siglo XXI.

Groisman, F. (2011). Argentina: los hogares y los cambios en el mercado laboral (2004-2009). *Revista de la CEPAL*, (104), 81.

Groisman, F. (2013). Salario mínimo y empleo en Argentina. *Revista de Economía Política de Buenos Aires*, (11), 40-Págs.

Groshen, E.L. (1991). Sources of intra-industry wage dispersion: How much do employers matter? *The Quarterly Journal of Economics*, 869-884.

Habermas, J. (1971). *Toward a rational society: Student protest, science, and politics* (Vol. 404). Beacon Press.

Hobsbawn, E. (1979). Las fluctuaciones económicas y algunos movimientos sociales a partir de 1800. *Hobsbawm, E. Trabajadores. Barcelona, Crítica*, 147-183.

Hollander, S. (1984). Marx and Malthusianism: Marx's secular path of wages. *The American Economic Review, 74*(1), 139-151.

INDEC (2006). Generación del Ingreso e Insumo de mano de obra. Fuentes, métodos y estimaciones Años 1993-2005. Inst. Nacional de Estadística y Censos. Recuperado a partir de [http://www.indec.mecon.ar/nuevaweb/cuadros/17/cgi_metodologia.doc].

Iñigo Carrera, J. (1996). A Model to Measure the Profit Rate of Specific Industrial Capital by Computing their Turnover Circuits. *CICP*, junio.

Iñigo Carrera, J. (2007). *La formación económica de la sociedad argentina. Volumen 1: Renta Agraria, ganancia industrial y deuda externa. 1882-2004.* (Vol. 1). Buenos Aires: Imago Mundi.

Iñigo Carrera, J. (2008). Terratenientes, retenciones, tipo de cambio, regulaciones específicas: Los cursos de apropiación de la renta de la tierra agraria 1882-2007. *Centro para la Investigación como Crítica Práctica*. Buenos Aires.

Iñigo Carrera, N., & Cotarelo, M.C. (2000). La protesta social en los 90. Aproximación a una periodización. *Programa de Investigación sobre el Movimiento de la Sociedad Argentina*. Recuperado a partir de [http://200.9.244.59/publicaciones/DT27.pdf].

Jaén-García, M., & Piedra-Muñoz, L. (2012). Análisis de la relación entre crecimiento económico y capital público en España. *Innovar, 22*(44), 165-183.

Jessop, B. (2007a). *State power: a strategic-relational approach*. Polity.

Jessop, B. (2007b). *State Power: A Strategic-Relational Approach*. Cambridge: Polity Press.

Jessop, B. (2014). El Estado y el poder. *Utopía y Praxis Latinoamericana, 19*(66), 19-35.

Kerr, C. (1954). *Balkanization of labor markets*. University of California.

Kowarick, L. (1978). Desarrollo capitalista y marginalidad: el caso brasileño. *Revista Mexicana de Sociología*, 31-54.

Kulfas, M. (2001). *El impacto del proceso de fusiones y adquisiciones en la Argentina sobre el mapa de grandes empresas: factores determinantes y transformaciones en el universo de las grandes empresas de capital local*. CEPAL. Recuperado a partir de [http://repositorio.cepal.org/handle/11362/4843].

Lebowitz, M.A. (2005). *Más allá de 'El Capital'. La economía política de la clase obrera en Marx*. Madrid: Akal.

Lenguita, P. (2011). Revitalización desde las bases del sindicalismo argentino. *Nueva sociedad*, (232), 137-149.

Lester, R.A. (1952). A Range Theory of Wage Differentials. *Industrial and Labor Relations Review, 5*(4), 483-500. Recuperado a partir de [https://doi.org/10.2307/2519134].

Lewis, W.A. (1954). Economic Development with Unlimited Supplies of Labour. *The Manchester School, 22*(2), 139-191.

Lombardi, M., Mongan, J.C., Puig, J., & Salim, L. (2014). Una aproximación a la focalización de los subsidios a los servicios públicos en Argentina. *Documento de Trabajo DPEPE*, (09). Recuperado a partir de [http://www.cegla.org.ar/es/assets/NewFolder/informe-subsidios-pcia-bs-as.pdf].

López, E. (2014). *Emergencia y consolidación de un nuevo modo de desarrollo. Un estudio sobre la Argentina post-neoliberal (2002-2011)*. La Plata: Tesis Doctoral. UNLP.

López, E. (2015). *Los años post-neoliberales. De la crisis a la consolidación de un nuevo modo de desarrollo* (1ª). Buenos Aires: Miño y Dávila Editores.

López, E., & Vértiz, F. (2012). Capital transnacional y proyectos nacionales de desarrollo en América Latina. Las nuevas lógicas del extractivismo neodesarrollista. *Revista Herramienta*, (50), 21-36.

López, E., & Vértiz, F. (2015). Extractivism, Transnational Capital, and Subaltern Struggles in Latin America. *Latin American Perspectives*, *42*(5), 152-168.

Maniatis, T. (2005). Marxian macroeconomic categories in the Greek economy. *Review of Radical Political Economics*, *37*(4), 494-516.

Marini, R.M. (1979a). El ciclo del capital en la economía dependiente. En Ú. Oswald (Ed.), *Mercado y Dependencia* (pp. 37-55). México: Nueva Imagen.

Marini, R.M. (1979b). Plusvalía extraordinaria y acumulación de capital. *Cuadernos Políticos*, *20*.

Marini, R.M. (1996). Procesos y tendencias de la globalización capitalista. *La teoría social latinoamericana*, *4*, 49-68.

Marini, R.M. (2007). Dialéctica de la dependencia. En C. E. Martins (Ed.), *América Latina, dependencia y globalización* (pp. 107-164). Buenos Aires: CLACSO-Prometeo.

Marshall, A. (1978). *El mercado de trabajo en el capitalismo periférico: el caso de Argentina*. Buenos Aires: CLACSO/FLACSO.

Marshall, A. (1979). Notas sobre la determinación del salario. *Desarrollo Económico*, *19*(75), 377-392.

Marshall, A. (1995). Regímenes institucionales de determinación salarial y estructura de los salarios, Argentina (1976-1993). *Desarrollo Económico*, 275-288.

Marshall, A. (2001). Fuerzas del mercado, política laboral y sindicatos: efectos sobre la desigualdad salarial. En *5 Congreso Nacional de Estudios del Trabajo*.

Marshall, A. (2010). Desigualdad salarial en la industria argentina: Discusión de las tendencias en 2003-2008. *Serie Documentos para Discusión del PESEI*, *5*.

Marshall, A. (2011). Fuentes de crecimiento de la productividad del trabajo en una etapa expansiva (2003-2008): ¿Qué sugiere el análisis inter industrial? *Cuadernos del IDES*, *22*.

Marshall, A., & Groisman, F. (2005). Sindicalización en la Argentina: Análisis desde la Perspectiva de los Determinantes de la Afiliación Individual. Presentado en 7mo. Congreso Nacional de Estudios del Trabajo. Ciudad Autónoma de Buenos Aires: ASET.

Marshall, A., & Perelman, L. (2004a). Cambios en los patrones de negociación colectiva en la Argentina y sus factores explicativos. *Estudios Sociológicos*, *22*(65), 409-434.

Marshall, A., & Perelman, L. (2004b). Sindicalización: incentivos en la normativa sociolaboral. *Cuadernos del IDES*, *4*, 1-39.

Marx, K. (1980). *Teorías sobre la plusvalía: tomo IV de El Capital*. Fondo de Cultura Económica.

Marx, K. (2004a). *El Capital, Tomo I* (Vol. 1). Buenos Aires: Siglo XXI.

Marx, K. (2004b). *El Capital, Tomo I* (Vol. 3). Buenos Aires: Siglo XXI.

Marx, K. (2006). *El Capital, Tomo I* (1ª, Vol. 2). Buenos Aires: Siglo XXI.

Marx, K. (2010). *El capital, Tomo III* (Vol. 6). México: Siglo XXI.

MECON (2007). *Instrumentos para el Análisis Socioeconómico del Plan Estratégico de Energía* (1a ed.). Buenos Aires: Ministerio de Economía y Finanzas Públicas.

Meek, R.L. (1956). *Studies in the Labour Theory of Value*. New York: Monthly Review Press.

Mincer, J. (1958). Investment in human capital and personal income distribution. *The journal of political economy*, 281-302.

Mincer, J.A. (1974). *Schooling, Experience, and Earnings*. Nueva York: National Bureau of Economic Research.

Montes Cató, J.S. (2007). Reflexiones teóricas en torno al estudio del conflicto laboral: los procesos de construcción social de la resistencia. *Trabajo y sociedad: Indagaciones sobre el empleo, la cultura y las prácticas políticas en sociedades segmentadas*, (9), 6.

Moseley, F. (1997). The rate of profit and the future of capitalism. *Review of Radical Political Economics*, 29(4), 23-41.

Murillo, M.V. (2000). Del populismo al neoliberalismo: sindicatos y reformas de mercado en América Latina. *Desarrollo Económico*, 179-212.

Neffa, J., Biafore, E., Cardelli, M., & Gioia, S. (2005). *Las principales reformas de la relación salarial operadas durante el período 1989-2001 con impactos directos o indirectos sobre el empleo*. Buenos Aires: CEIL-PIETTE. CONICET. Recuperado a partir de [http://www.ceil-conicet.gov.ar/wp-content/uploads/2013/07/mi4neffa.pdf].

Novick, M. (2001). Nuevas reglas de juego en la Argentina, competitividad y actores sindicales. En Enrique de la Garza Toledo (comp.), *Los sindicatos frente a los procesos de transición política*. Buenos Aires: CLACSO, 25-45.

Novick, M., & Trajtemberg, D. (2000). La negociación colectiva en el período 1991-1999. *Documento de trabajo, 19*.

Nun, J. (1969). Superpoblación relativa, ejército industrial de reserva y masa marginal. *Revista latinoamericana de sociología*, 5(2), 178-235.

Observatorio del Derecho Social (2008). Negociación Colectiva - Aportes para la discusión. CTA.

Offe, C. (1992). Los nuevos movimientos sociales cuestionan los límites de la política institucional. *Partidos políticos y nuevos movimientos sociales*, 163-239.

OIT (1993). Resolución sobre las estadísticas de huelgas, cierres patronales y otras acciones causadas por conflictos laborales. [Resolución]. Recuperado 9 de mayo de 2013.

OIT (2011, noviembre 30). La revitalización de la negociación colectiva en Argentina. *Notas OIT. Trabajo Decente en Argentina*. Recuperado a partir de [http://www.ilo.org/buenosaires/publicaciones/notas-trabajo-decente/WCMS_224514/lang--es/index.htm].

Osorio, J. (2014). La noción patrón de reproducción del capital. *Cuadernos de Economía Crítica, 1*(1). Recuperado a partir de [http://sociedadeconomiacritica.org/ojs/index.php/cec/article/view/1].

Palmieri, P. (2012, mayo). Fiscalidad y Minería en la Argentina: el caso de la renta del oro en el marco de la crisis internacional. *Voces en el Fénix, 2*(14), 38-45.

Palmieri, P., & Noguera, D. (2015). Tierra y Renta agraria en la Argentina: Un aproximación empírica para el período 2002-2013. *VIII Jornadas de Economía Crítica* (pp. 1-17). Argentina: Facultad de Ciencias Económicas (UNRC): Sociedad de Economía Crítica.

Palomino, H. (2005). Los sindicatos y los movimientos sociales emergentes del colapso neoliberal en Argentina. En Enrique de la Garza Toledo (comp.), *Sindicatos y nuevos movimientos sociales en América Latina*. Buenos Aires, CLACSO. Recuperado a partir de [http://biblioteca.clacso.edu.ar/clacso/gt/20101109024728/2palomino.pdf].

Palomino, H. (2007). Un nuevo indicador del Ministerio de Trabajo, Empleo y Seguridad Social. Los conflictos laborales en la Argentina 2006-2007. *Serie Estudios*, (7).

Palomino, H., & Suriano, J. (2005). Los cambios en el mundo del trabajo y los dilemas sindicales 1975-2003. *Nueva historia argentina*, 378-439.

Palomino, H., Szretter, H., Trajtemberg, D., & Zanabria, M. (2006). Evolución de los salarios del sector privado. *Trabajo, ocupación y empleo (MTEySS), Serie de Estudios Nº5*, 75-125.

Palomino, H., & Trajtemberg, D. (2006). Una nueva dinámica de las relaciones laborales y la negociación colectiva en la Argentina. *Revista de trabajo, 2*(3), 47-68.

Panaia, M. (1999). *Algunas reflexiones sobre el proceso de trabajo y los logros de productividad en los sectores no fordistas de la economía.* Buenos Aires: EUDEBA/CEA/Monitoreo de inserción de graduados.

Panaia, M. (2004). *El sector de la construcción: un proceso de industrialización inconcluso.* Nobuko. Recuperado a partir de [https://books.google.com/books?hl=es&lr=&id=tBAshL85bQwC&oi=fnd&pg=PA7&dq=el+sector+de+la+construcci%C3%B3n+inconcluso&ots=DI4Qo_3qam&sig=QXv-UU9XHTeUQSc_2YeKlzw1Xvk].

Peirano, F., Tavosnanska, A., & Goldstein, E. (2010). El crecimiento de Argentina entre 2003 y 2008. Virtudes, tensiones y aspectos pendientes. En P. Bustos (Ed.), *Consenso Progresista. Las políticas económicas de los gobiernos del cono sur: elementos comunes, diferencias y aprendizajes* (pp. 23-68). Buenos Aires: Fundación Friedrich Ebert. Recuperado a partir de [library.fes.de/pdf-files/bueros/argentinien/07702.pdf].

Peralta-Ramos, M. (2007). *La economía política Argentina: poder y clases sociales, 1930-2006.* México: Fondo de Cultura Económica.

Pérez, P. (2006). Tensiones entre la política macroeconómica y la política de ingresos en la Argentina post-Convertibilidad. *Lavboratorio: revista de estudio sobre cambio social, 8*(19), 5-12.

Pérez, P., Albano, J., & Toledo, F. (2007). Los nuevos economistas keynesianos y su interpretación sobre el mercado de trabajo. En J. C. Neffa (Ed.), *Teorías económicas sobre el mercado de trabajo. II.Neoclásicos y Nuevos Keynesianos* (1a ed., pp. 211-309). Buenos Aires: Fondo de Cultura Económica.

Pérez, P., Féliz, M., & Toledo, F. (2006). ¿Asegurar el empleo o los ingresos? Una discusión para el caso argentino de las propuestas de ingreso ciudadano y empleador de última instancia. *Macroeconomía, grupos vulnerables y mercado de trabajo. Desafíos para el diseño de políticas públicas* (pp. 289-318). Ciudad Autónoma de Buenos Aires. Recuperado a partir de [http://biblioteca.municipios.unq.edu.ar/modules/mislibros/archivos/perez.PDF].

Petras, J.F. (1993). *Clase, Estado y poder en el Tercer Mundo: casos de conflictos de clases en América Latina.* Buenos Aires: Fondo de Cultura Económica.

Pinto, A. (1970). Naturaleza e implicaciones de la "heterogeneidad estructural" de la América Latina. *El Trimestre Económico, 37*(145 (1)), 83-100.

Piva, A. (2006). El desacople entre los ciclos del conflicto obrero y la acción de las cúpulas sindicales en Argentina (1989-2001). *Estudios del trabajo, 31,* 23-52.

Prieto Rodríguez, C., & Miguélez Lobo, F. (1995). *Las relaciones laborales en España.* España: Siglo XXI.

Rameri, A., Haimovich, A., Straschnoy, M., & Pacífico, L. (2013, marzo). La discusión salarial en la Argentina actual. Instituto de Pensamiento y Políticas Públicas. Recuperado a partir de [http://www.ipypp.org.ar/index.php/el-instituto/50-articulos/319-la-discusion-salarial-en-la-argentina-actual].

Rapoport, M. (2000). *Historia económica, social y política de la Argentina (1880-2000).* Buenos Aires: EMECE.

Recalde, H.P. (2011). Reformas laborales durante la convertibilidad y la posconvertibilidad. *Voces en el Fénix, 6,* 6-11.

Recio Andreu, A. (2014). Educación y capitalismo en el análisis «radical» de S. Bowles y H. Gintis. *Revista de Economía Crítica,* (18), 213-219.

Reder, M.W. (1988). Las diferencias salariales. En A. Meixide (Ed.), *El mercado de trabajo y la estructura salarial* (pp. 201-226). Madrid: Ministerio de Trabajo y Seguridad Social.

Ricardo, D. (2007). *Principios de Economía Política y Tributación* (2da.). Buenos Aires: Claridad.

Rodríguez, J., & Arceo, N. (2006). Renta agraria y ganancias extraordinarias en la Argentina 1990-2003. *Realidad Económica, 219,* 76-98.

Rodríguez, O. (1998). Heterogeneidad estructural y empleo. *Revista de la CEPAL, Nro. extraordinario.* Recuperado a partir de [http://repositorio.cepal.org//handle/11362/12147].

Rosen, S. (1986). La teoría de las diferencias igualadoras. *Manual de economía del trabajo, 2.*

Ruggierello, H. (2011). *El sector de la construcción en perspectiva: internacionalización e impacto en el mercado de trabajo* (1a ed.). Buenos Aires: Aula y Andamios. Recuperado a partir de [https://goo.gl/9zGPao].

Salvia, A., Donza, E., Vera, J., Pla, J., & Phillip, E. (2012). *La trampa neoliberal. Un estudio sobre los cambios en la heterogeneidad estructural y la distribución del ingreso: 1990-2003*. Buenos Aires: EUDEBA. Recuperado a partir de [http://www.aacademica.org/jesicalorenapla/26].

Salvia, A., & Vera, J. (2011). Heterogeneidad Estructural y Desigualdad Económica: El patrón de distribución de los ingresos y los factores subyacentes durante dos fases de distintas reglas macroeconómicas. *10 Congreso Nacional de Estudios del Trabajo* (pp. 1-27). Ciudad Autónoma de Buenos Aires: ASET.

Santarcángelo, J.E., Fal, J., & Pinazo, G. (2011). Los motores del crecimiento económico en la Argentina: rupturas y continuidades. *Investigación económica*, *70*(275), 93-114.

Santella, A. (2006). Trabajadores, peronismo y protesta en Argentina. Una revisión desde 1970 al presente. *Nuevo Topo. Revista de historia y pensamiento crítico*, (2), 31-50.

Santella, A. (2013). ¿Revitalización sindical en Argentina? Conflictos laborales en el sector automotriz. En C. Senén González & Andrea Del Bono (Eds.), *La revitalización sindical en Argentina: alcances y perspectivas* (pp. 77-100). San Justo: UNLM/Prometeo. Recuperado a partir de [http://biblioteca.clacso.edu.ar/gsdl/collect/ar/ar-030/index/assoc/D8834/revitalizacionsindical.pdf#page=79].

Schorr, M. (2012). Argentina: ¿nuevo modelo o «viento de cola»? Una caracterización en clave comparativa. *Revista Nueva Sociedad*, (237), 114-127.

Schorr, M., Manzanelli, P., & Basualdo, E. (2012). Elite empresaria y régimen económico en la Argentina. Las grandes firmas en la posconvertibilidad. *Área de Economía y Tecnología de la FLACSO, Documento de Trabajo*, (22).

Senén, C., & Medwid, B. (2007). Resurgimiento del conflicto laboral en la Argentina posdevaluación: un estudio en el sector aceitero. *Argumentos (México, DF)*, *20*(54), 81-101.

Shaikh, A. (1980). Marxian competition versus perfect competition: further comments on the so-called choice of technique. *Cambridge Journal of Economics*, *4*, 75-83.

Shaikh, A. (2006). *Valor, Acumulación y Crisis. Ensayos de economía política*. Buenos Aires: RyR Ediciones.

Shaikh, A., & Tonak, E.A. (1994). *Measuring the Wealth of Nations*. Cambridge: Cambridge University Press.

Shorter, E., & Tilly, C. (1986). *Las huelgas en Francia, 1830-1968*. Ministerio de Trabajo y Seguridad Social.

Slichter, S.H. (1950). Notes on the Structure of Wages. *The Review of Economics and Statistics*, *32*(1), 80-91. Recuperado a partir de [https://doi.org/10.2307/1928282].

Slipak, A.M. (2014). América Latina y China: ¿cooperación Sur-Sur o 'Consenso de Beijing'? *Revista Nueva Sociedad*, *250*, 102-113.

Svampa, M. (2008). *Cambio de época: movimientos sociales y poder político* (1a ed.). Buenos Aires: Siglo XXI.

Svampa, M. (2011). Extractivismo neodesarrollista y movimientos sociales: ¿un giro ecoterritorial hacia nuevas alternativas? En M. Lang & D. Mokrani (Eds.), *Más allá del desarrollo* (1a ed., pp. 185-218). Quito, Ecuador: Abya Yala/Fundación Rosa Luxemburg.

Sylos-Labini, P. (1974). *Trade unions, inflation, and productivity*. Westmead: Saxon House.

Teubal, M. (2006). Expansión del modelo sojero en la Argentina. *Realidad Económica*, *220*, 71-96.

Thurow, L.C. (1972). Education and economic equality. *The Public Interest*, (28), 66.

Tilly, C. (2000). *La desigualdad persistente*. Buenos Aires: Ediciones Manantial.

Tokman, V.E. (1982). Desarrollo desigual y absorción de empleo: América Latina 1950-80. *Revista de la CEPAL*, *17*, 129-141.

Torre, J.C. (1973). La tasa de sindicalización en Argentina. *Desarrollo Económico, 77*(48), 903-913.

Tortul, M. (2011). Impacto de la crisis internacional sobre la economía argentina. *Revista de Ciencias Económicas.*

Trajtemberg, D. (2013). Estructura y determinantes de la negociación colectiva en Argentina. *Negociación colectiva y representación sindical.* Ciudad Autónoma de Buenos Aires: ASET-Friedrich Ebert Stiftung.

Valenzuela Feijóo, J. (2009). *La gran crisis del capital. Trasfondo estructural e impacto en México.* México: Universidad Autónoma Metropolitana.

Villanueva, J. (1972). El origen de la industrialización argentina. *Desarrollo económico, 12*(47), 451-476.

Villarreal, J. (1996). *La exclusión social.* Grupo Editorial Norma.

Vuolo, R.M.L. (2010). Las perspectivas de Ingreso Ciudadano en América Latina. Recuperado a partir de [http://polsocytrabiigg.sociales.uba.ar/files/2014/03/16-LO-VUOLO-Ruben-Las-perspectivas-del-ingreso-ciudadano-2.pdf].

Wainer, A., & Belloni, P. (2015). ¿Soberanía nacional o nueva dependencia? Los capitales extranjeros en la era Neodesarrollista argentina. Presentado en III Congreso Latinoamericano y Caribeño de Ciencias Sociales. Quito, Ecuador: FLACSO.

Wainer, A., & Belloni, P. (2018). ¿Lo que es viento se llevó? La restricción externa en el kirchnerismo. *La Argentina kirchnerista: entre la "década ganada" y la "década perdida"* (pp. 51-82). Ciudad Autónoma de Buenos Aires: Batalla de Ideas.

Wallerstein, M., & Western, B. (2000). Unions in decline? What has changed and why. *Annual Review of Political Science, 3*(1), 355-377.

Wells, D.R. (1992). Consumerism and the Value of Labor Power. *Review of Radical Political Economics, 24*(2), 26-33.

Williamson, J.G. (1965). Regional inequality and the process of national development: a description of the patterns. *Economic development and cultural change, 13*(4), 1-84.

Zapata, F. (1986). *El conflicto sindical en América Latina.* México: Colegio de México.

Anexos

Anexo metodológico I (capítulo 1):
La medición de la desigualdad salarial. Acerca de la
información trabajada y la herramienta de análisis

L a desigualdad salarial se estudia a partir de la Encuesta Permanente de Hogares (EPH), elaborada por el Instituto Nacional de Estadística y Censos (INDEC), para el período que se extiende entre el tercer trimestre de 2003 y el cuarto trimestre de 2012. El lapso temporal analizado permite extraer conclusiones sobre la primera década post-Convertibilidad.

La Encuesta Permanente de Hogares (EPH) permite conocer las características socioeconómicas, demográficas y ocupacionales de la fuerza de trabajo en las principales urbes de la Argentina (ciudades de más de 100.000 habitantes y capitales de provincia). La frecuencia de elaboración es trimestral y, en la actualidad, se releva en 31 aglomerados, donde habita aproximadamente el 70% de la población urbana[118].

La variable estudiada, contenida en la EPH, es el ingreso proveniente de la ocupación principal de los trabajadores asalariados ocupados que para el último trimestre bajo estudio, implica trabajar con una muestra expandida de alrededor de 8.400.000 casos, luego de partir en 2003, con 6 millones y medio. El incremento de casi 2 millones de trabajadores, algo menos del 30% entre extremos, podría alterar la estructura de empleo sectorial, por lo que interesa analizar el impacto de manera diferenciada.

Asimismo, se trabaja con ocupados plenos (aquellos que trabajan más de 35 horas semanales), y se eliminan los ingresos provenientes de planes sociales, que en especial durante los primeros años del estudio, tienen relevancia. Estas decisiones buscan volver más homogéneo el universo analizado, definir mejor el origen de los ingresos, lo que permitirá precisar los resultados.

---

118 Para más información puede verse "Diseño de Registro y Estructura para las bases de microdatos. Individual y hogar", disponible en https://goo.gl/J2E7c0.

Adicionalmente, de modo de suprimir el "ruido" de la variabilidad de tiempo de trabajo, se completa el análisis con la desigualdad horaria.

El trabajo se estructura a partir de 37 bases, una por trimestre entre el tercero del año 2003 y el cuarto de 2012, mientras que cada serie de desigualdad contempla 38 observaciones[119].

Las dimensiones que involucra el estudio de la desigualdad entre trabajadores asalariados ocupados son: sector de actividad, región y calificación.

A nivel de ramas se toma dos aperturas. Primeramente, la evidencia se trabaja con 15 sectores[120]: Primario Agro; Primario Extractivo; Manufacturas; Servicios Agua, Gas, Electricidad; Construcción; Comercio; Hotelería y Restaurant; Transporte y Comunicaciones; Intermediación Financiera; Servicios Inmobiliarios y Empresariales; Administración Pública; Enseñanza; Servicios Sociales y Salud; Servicios Comunitarios; Trabajo Doméstico y Servicio Exterior.

Luego, una vez presentado el problema y en función del marco de análisis elegido, se limita el análisis a 6 sectores agregados: Agricultura, ganadería, caza, silvicultura y pesca; Explotación de minas y canteras; Industria manufacturera; Servicios agua, gas, electricidad; Transporte, almacenamiento y comunicaciones. El recorte obedece a la voluntad de vincular la dinámica de los salarios con las tasas de ganancia sectoriales: un análisis restringido a sectores privados en los que es razonable y viable el cálculo de dicha tasa.

En lo que se refiere a la región, la apertura contempla: Gran Buenos Aires; Noroeste argentino; Noreste argentino; Cuyo; Pampeana y Patagónica.

Finalmente, la calificación del puesto de trabajo está compuesta por las siguientes categorías: Profesional, Técnica, Operativa y No calificado. Vale la pena resaltar que la "calificación" se refiere a la tarea, y que está definida en función de elementos constitutivos del proceso de trabajo como la materia prima transformada, los instrumentos de trabajo utilizados y las acciones realizadas por el trabajador. Es decir, aquí no se considera las características del individuo, sino del puesto de trabajo, lo que implica que aporta información mayormente relacionada con la demanda de trabajo.

La desigualdad salarial se construye a partir de las diferencias en *salario medio* de cada una de las dimensiones analizadas, y se mide mediante el Índice de Theil (T). La ventaja del estadístico es que al poder disociarse en dos, un *componente entre-*

---

119 La intervención del INDEC, a principios de 2007, provoca que la base correspondiente al tercer trimestre de ese año no sea relevada, pero se completa la serie mediante el método de imputación simple a través de la media.

120 La apertura coincide con la estipulada en Cuentas Nacionales conocida como las letras del PBI. A partir del año 2012, el INDEC aplica únicamente la codificación de la Clasificación de Actividades Económicas para Encuestas Sociodemográficas del MERCOSUR (CAES 1.0). La nueva clasificación armoniza la clasificación de la actividad económica (relativa a la unidad productiva en la que la persona encuestada trabaja), entre los países miembros del bloque. Estos cambios en el último año del estudio, no afectan de manera sensible la información de salario medio por sector y, por tanto, la desigualdad sectorial. Para más información puede verse "Diseño de Registro y Estructura para las bases de microdatos. Individual y hogar", disponible en https://goo.gl/J2E7c0.

Facundo Barrera Insua

grupos (T'g) y un *componente intra-grupos* (Twg), se puede indagar exclusivamente con uno de ellos. En este caso, el interés se centra en la observación del aporte a la desigualdad que realiza cada uno de los grupos de trabajadores diferenciados, por lo que se trabaja con el componente del Theil "entre grupos", que se define como:

$$T\,'g = \sum_{i=1}^{m} [(\frac{p_i}{P})\cdot(\frac{y_i}{\mu})\cdot\ln(\frac{y_i}{\mu})]\,; \tag{1}$$

donde *i* representa el i-ésimo grupo, *pi* es la cantidad de miembros que lo componen, *P* es el total de la población, *yi* es el ingreso medio del grupo y μ es el ingreso medio de la población de referencia.

Asimismo, dado que *T* y *T'g* están altamente correlacionados en el tiempo, los valores que reporta el componente "entre grupos" (*T'g*) son entendidos como el piso de la desigualdad, al tiempo que es posible a través de este último aproximar los movimientos de *T* (Galbraith, 1998).

En este caso, los grupos a estudiar se vinculan con las variables: rama de actividad, calificación del puesto de trabajo y región, los que se presentan en la siguiente sección.

Anexo metodológico 2 (capítulo 4): La aproximación empírica de la tasa de ganancia sectorial

El punto de partida para la reinterpretación de las Cuentas Nacionales publicadas por el INDEC, es el de la definición teórica de la tasa general de ganancia propuesta por Marx (2010).

Tal como se mencionó, se parte de una definición teórica de la tasa de ganancia (π) que involucra la relación entre el plusvalor (S) y el capital global adelantado (C+V) durante igual período de tiempo (el cociente se exhibe en la ecuación (1) del capítulo 4).

En el numerador, la masa de ganancias realizada anualmente (*P*) se obtiene de la Cuenta Generación del Ingreso (CGI-INDEC), al deducir del valor agregado anual, la masa salarial de igual período. El ingreso mixto no se incluye por una doble razón. En primer lugar, según la definición es un saldo contable de la cuenta de generación del ingreso de las empresas no constituidas en sociedad, propiedad de los miembros de los hogares, por lo que no puede diferenciarse la porción de ese ingreso que corresponde a la retribución al trabajo de la que corresponde a la retribución de los activos que intervienen en el proceso productivo (capital, activos no producidos, etc.) (INDEC, 2006). En segundo lugar, por un motivo estrictamente operativo: en la actualización de la CGI no se realiza el cálculo desagregado por rama de actividad. El denominador se conforma mediante la suma de tres conceptos de capital adelantado. El primero de ellos, que presenta la menor controversia, es el stock de capital variable, el cual se valoriza por medio de la masa salarial de cada rama de actividad publicada en la CGI-INDEC, con las mismas consideraciones acerca del ingreso mixto.

Un segundo concepto es el capital constante circulante, que se agota en cada ciclo productivo, entendido mediante el costo de las materias primas utilizadas en la producción. Se realiza un cálculo de la participación de las compras intermedias por rama de actividad, obtenidas de la estructura de la Matriz Insumo-Producto (MIP) 1997 y 2004 publicadas con información de INDEC, sobre el valor agregado correspondiente a cada año. Estas razones son aplicadas a la serie de valor agregado publicada por el INDEC, a través de una interpolación lineal que figura en la propuesta de Shaikh & Tonak (1994)[121].

En Argentina, la última publicación oficial de una MIP realizada por la Dirección Nacional de Cuentas Nacionales, data de 1997. Por ende, para obtener las estadísticas referentes al consumo intermedio para Argentina en el año 2004, se realizó una actualización de la MIP de 1997 siguiendo la metodología planteada en el trabajo del MECON (2007), el cual se basa en el método RAS[122].

El tercero es el stock de capital constante, que se corresponde con lo que figura en las Cuentas Nacionales como stock de capital fijo. En lo que refiere a la fuente de información, para los años 1993-2006 se utiliza la serie publicada por INDEC, la que se descontinua en aquel año final. Por tanto, para construir los datos de los años 2007-2012, fue necesario actualizar la información de la serie de stock de capital mediante la variable formación bruta de capital, extraída de los Cuadros de Oferta y Utilización de INDEC, descontado el valor de depreciación anual. Por otro lado, el stock publicado corresponde al total, por lo que se debió trabajar en una apertura de la incorporación de maquinaria en cada rama de actividad[123].

En síntesis, en función de definiciones teóricas y de las posibilidades que brindan las estadísticas nacionales, la tasa de ganancia se expresa como sigue:

---

121 Los datos referentes al empleo y la distribución del valor agregado entre asalariados y no asalariados que se obtienen de la Cuenta Generación del Ingreso publicada para el período 1993-2007 por la Dirección Nacional de Cuentas Nacionales, resultan compatibles con los valores que surgen de las tablas de insumo-producto (INDEC, 2006).

122 El método RAS básico fue desarrollado en el Departamento de Economía Aplicada de la Universidad de Cambridge (Reino Unido) en los primeros años de la década de 1960. Este método, es una traslación de la teoría de ajuste de matrices con restricciones hacia la estimación de matrices *input-ouput*.

123 Mayores especificaciones sobre la construcción del stock de capital a nivel sectorial y velocidad de rotación pueden encontrarse en Barrera Insua (2017).

Facundo Barrera Insua

$$r = \frac{S}{K} = \frac{Mg}{Kf+Ms+CI} \quad (2),$$

donde r=tasa de ganancia, Mg=masa de ganancias, Kf=stock de capital, Ms=masa de salarios y CI=compras intermedias.

Así construida, la tasa general de ganancia para el conjunto de las ramas de actividad, presenta notables similitudes con la que realiza Iñigo Carrera y publica Agostino (2015). Dicha medición, realizada con la metodología de Iñigo Carrera (1996), también incluye el capital circulante. La inclusión de este concepto en el denominador, impone niveles más bajos en la tasa. Sin embargo, el movimiento general de la curva, en particular para el período bajo análisis, presenta considerables similitudes.

MD. Esta edición se terminó de imprimir en octubre de 2018, en los talleres de Imprenta Dorrego, ubicados en Av. Dorrego 1102, (1414), Ciudad de Buenos Aires, Argentina.